독립전쟁론의 선구자 광복회 총사령
박상진

독립전쟁론의 선구자 광복회 총사령 박상진

| 박걸순 지음 |

글을 시작하며

 필자가 독립기념관 한국독립운동사연구소 수석연구원으로 재직하고 있던 2005년, 울산 MBC-TV로부터 인터뷰를 요청 받았다. 울산 출신 독립운동가 박상진의 다큐를 제작하고 있는데, 독립기념관이 소장하고 있는 관련 자료 소개와 그의 활동과 관련된 질문을 하겠다는 것이었다. 독립기념관이 독립운동사 자료의 본산이고, 연구소가 국내 유일의 독립운동사연구소이기 때문에 그 책임자로서 인터뷰에 응해야 함은 일종의 의무이기도 하였다.
 곧 독립기념관이 소장하고 있는 박상진 관련 자료를 찾고, 그의 활동을 조사하기 시작하였다. 그 과정에서 박상진이란 큰 인물을 다시 만나게 되었다. 그간 필자가 알고 있던 박상진은 피상적 실체에 불과하였고, 짧은 인터뷰로는 담아내기 어려운 커다란 존재였다. 언젠가 기회가 되면 꼭 박상진을 학술적으로 조명하는 데 일조하겠다는 생각을 한 것도 그 무렵이었다.
 그러나 그때의 각오와는 달리, 곧 필자는 바쁜 일상과 다른 연구 주제에 쫓기느라 그를 잊었다. 그러던 2007년 12월 6일, 고헌박상진의사추모사업회주최 박상진 추모학술회의를 울산교육청에서 개최하며 필자에게 토론 좌장을 의뢰해 왔다. 그 학술회의를 계기로 박상진을 좀 더 심층적으로 접하였고, 얼마 뒤에 1910년대의 비밀결사에 대한 논문을 쓰며 그를 더욱 주목하게 되었다.

박상진에 대한 학문적 갈증을 해소할 기회는 뜻하지 않게 찾아 왔다. 독립기념관으로부터 박상진 열전을 집필해 달라는 요청을 받은 것이 2011년 초였으니, 만 3년 전의 일이다. 박상진에 대한 논문 한 편 없는 필자로서 감당해 내기가 어려울듯하여 처음에는 집필을 거절하였다. 그러나 재차 의뢰가 오고, 또한 박상진에 대해 일종의 역사적 부채감을 느끼고 있던 터라 수락하였다.

곧 바로 울산과 경주, 대구를 답사하며 그의 자취를 더듬었다. 문헌자료도 수집하여 분석해 나갔다. 박상진 연구가이자 후손 박중훈 선생을 찾아가 자문을 구하기도 하고, 이미 선행 연구업적을 낸 김희곤·권대웅·이성우 선생께도 도움을 청하였다. 한창 진척을 보이던 열전 집필이 그 해 중반 주춤거리기 시작하였다. 1910년대의 복잡다기한 비밀결사의 조직과 활동에서 그 계보를 정확히 분간해 내는 일이 쉽지 않았기 때문이다. 더구나 박상진의 활동 공간의 광폭함, 인적 네트워크의 방대함, 사상의 다양함은 그의 궤적을 전인적으로 온전히 살피기 어려운 장애요소였다. 그러다보니 약속한 원고마감 기한을 두 해나 넘겨 버렸다. 본의 아니게 걱정을 끼친 분들에게 너무 송구한 일이다. 물론 지금 탈고를 하는 시점에서도 명료하게 해명하지 못한 부분이 적지 않다.

박상진은 1910년대의 독립투쟁을 상징하는 인물이다. 그가 활동한 시점은 일제의 포악한 무단통치가 극성했던 시기였다. 따라서 독립운동의 모든 조직과 활동은 철저하게 비밀결사 형태가 아니면 불가능한 시기였다. 그 시기에 만주를 주목하여 독립전쟁론에 의한 무장투쟁을 계획하고, 정체로서 공화정을 추구한 그는 가히 한국독립운동사에서 선구자적 존재라 할 수 있다.

　독립운동가들에게는 각각 그들의 활동과 업적에 걸맞은 호칭이 있다. 지난 2011년 안중근 의사의 호칭을 둘러싸고 의사가 옳은가 장군이 옳은가를 따지는 논쟁이 있었다. 그렇다면 박상진에게는 어떤 호칭이 적당할까? 우선은 친일파 처단 등 의열투쟁을 주도하였기 때문에 의사라는 호칭이 타당할 것이다. 또한 어머니의 장례를 모시기 위해 스스로 죽음의 길을 걸어 나간 점에서는 열사라는 호칭도 가능할 것이다. 암흑의 1910년대에 누구보다도 일찍이 공화정을 꿈꾸었다는 사실은 선생이나 미완의 혁명가의 호칭을 붙여도 좋을 것이다. 광복회의 총사령으로서 무장투쟁을 계획하고 지휘하였기 때문에 장군이라는 호칭도 어색하지 않을 것이다. 이렇게 박상진에게 다양한 호칭이 가능하다는 것은 독립운동사에서 그의 평가와 관련된 것이라 할 수 있다. 곧 박상진은 암흑의 무단통치시기에 일점 광명이 되어 3·1운동의 원천을 형성한 선각자라 할 수 있을 것이다.

　그러나 박상진과 가장 가까운 동지이자 사촌처남인 최준과의 재산송사가 후대의 은원관계로 대물림되어 어두운 그림자를 드리우고 있는 것은 매우 안타까운 일이었다. 양가 후손들을 만나 이야기를 나눠보니 그 안타까움은 절절하였다. 또한 박상진의 독립운동 행적에 대해 시비를 제기한 일각의 역사인식을 통해 한국현대사 굴곡의 뒤틀림과 파임의

극심함을 절감한 것은 매우 씁쓸한 일이었다.

  필자는 그간 독립운동가 몇분의 열전과 평전을 집필한 경험이 있다. 그러나 이번의 박상진 열전 집필이 가장 어려웠던 기억으로 남을 것 같다. 탈고를 하는 지금 이 순간에도 그를 제대로 이해하고 전인적으로 올바로 서술한 것인지 두려운 마음이 가시지 않는다. 글을 마치며 그 분에 대한 역사적 부채를 해결한 후련함이 아니라, 새로운 부채를 떠안는 부담감을 느낀다. 아마도 그에 대한 연구가 부족하다는 자책이 아닐까 한다. 원고가 늦었음에도 불구하고 격려와 지원을 아끼기 않은 한국독립운동사연구소에 재삼 감사의 말씀을 드린다. 또한 어렵게 모은 자료를 선뜻 제공해 준 김희곤·이성우 교수 및 박중훈 선생께 감사드리며, 원고를 꼼꼼히 교열해 준 역사공간 편집실 여러분께도 감사의 마음을 전한다.

2014년 동학혁명 2주갑 갑오년
개신골에서 박 걸 순

차례

글을 시작하며 _ 4

1 울산 명문 지주 가문에서 태어나다
울산에서 다시 경주로 _ 10
정이 많고 효심이 지극한 아이 _ 15
경주 최부잣집 딸과 혼인하다 _ 20

2 스승 왕산 허위를 만나다
사종형 규진을 스승으로 _ 28
허위를 만나 혁신유림의 길로 _ 32

3 노비를 해방시키다
노비를 해방시키고 독립운동에 나서 _ 40
적서 차별 철폐와 노비 해방을 실천하다 _ 44

4 신학문을 수학하고 견문을 넓히다
신학문을 배우고 동지를 만난 양정의숙 _ 47
견문과 인적기반을 넓히다 _ 52

5 계몽운동에 나서다
인재 육성을 위한 교남교육회 _ 62
영남지방을 대표하는 달성친목회 _ 65

6 독립전쟁을 꿈꾸다
신민회에 참여하다 _ 74
만주로 이주하는 사람들 _ 83
여관과 상회를 거점으로 _ 98

7 통합 비밀결사 광복회 총사령으로
1910년대의 비밀결사 투쟁 _ 105
광복회의 조직 _ 112
국내외 독립전쟁 기지 구축 _ 123
군자금 모금 활동 _ 139
의협투쟁을 벌이다 _ 156
조직의 와해와 계승 단체의 활동 _ 160

8 대장부로 태어났건만
체포되어 순국까지 _ 170
박시규가 지은 아들의 제문 _ 185
외국인도 감동한 박상진의 순국 _ 190

부록 _ 199
박상진의 삶과 자취 _ 228
참고문헌 _ 232
찾아보기 _ 236

01 울산 명문 지주 가문에서 태어나다

울산에서 다시 경주로

박상진은 본관이 밀양이고, 비조 밀성대군密城大君 언침彦忱의 33세손, 중시조 밀성부원군密城府院君 언부彦孚의 26세손, 파조 밀직부원군密直府院君 중미中美의 19세손, 입향조 창우昌宇의 9세손이 된다. 밀직부원군 후손의 세계도世系圖를 정리하면 다음과 같다.

> 중미中美(44세) – 해효晐 – 울울蔚 – 순조順祖 – 영손英孫 – 정반珽 – 윤청允淸 – 린磷 – 사신士愼 – 현晛 – 창우昌宇(시조 55세, 중조 11세, 입향조) – 세도世衜 – 천보天普 – 이충履忠 – 성창性昌 – 사유思裕 – 용복容復 – 시룡時龍 – 상진尙鎭

파조 중미는 고려 충목왕 때 문과 급제 후 벼슬이 중서령中書令에 이르렀는데, 홍건적의 침입을 물리친 공로로 순성보리공신純誠輔理功臣 대광보국숭록대부大匡輔國崇祿大夫가 되었고 밀직부원군에 봉해졌다. 17대 해는 사헌부 대사헌과 지한주사知韓州事를 지냈으며 청주 계림촌溪林村에서 살다가 선대의 사패지이자 처향인 경산 내매리로 옮겨 살았다. 울은 선무랑宣務郎과 단성현감丹城縣監을, 순조는 연기현감燕岐縣監을 지냈다. 14대 영손은 홍문관 교리와 풍천군수 등을 지냈고, 평소 흠모하던 포은의 탄생지인 영천 명항鳴港(현재의 우항愚港)으로 거처를 옮겼는데, 그가 김종직과 왕래한다는 사실을 알고 인근의 유림들이 몰려들었다고 한다. 10대 사신은 생부가 려礪이나, 린磷이 후사가 없어 입계하였는데 한강寒岡 정구鄭逑와 도의계道義契를 맺었으며, 임진왜란 때 창의 공적이 『사난창의록四難倡義錄』에 기록되어 있다. 9대 현은 정구 문하에서 수학하였으며 침랑寢郎에 천거되었으나 나아가지 않고 숨어지내며 학문에 매진하였다. 그의 유고는 갑진년(1604) 화재로 소실되었다고 한다.

이처럼 박상진의 선대는 파조 이후 청주를 거쳐 경산으로, 다시 영천으로 옮겨 살았음을 알 수 있다. 그의 선대가 영천에서 다시 울산에 정착한 것은 17세기 중반인 1664년으로, 입향조는 박상진의 8대조인 창우였다. 그는 미수眉叟 허목許穆에게서 수학하였고, 1666년에 생원이 되었다. 창우는 울산 유림들의 예사禮士로 초빙을 받아 영천에서 이사하여 학성 이씨 월진파인 이동영李東英 등 울산 유림들의 도움으로 순조롭게 정착할 수 있었다. 이후 그곳에 경제적 기반을 갖고 있던 울산 토성土姓인 학성 이씨, 동래 정씨 등과 혼인관계를 통해 울산에 뿌리를 내리게 되었다. 그가 울산으로 옮기게 된 것은 백부인 돈暾이 임고서원臨皐書院의 병배시비竝配是非 때 사림의 영수로 추대되어 가산을 탕진했기 때문이었다. 병배시비란 병호시비屛虎是非와 함께 조선시대 서원의 배향 위차位次

를 둘러싼 대표적 논쟁을 말한다.

창우가 남긴 「계자손서戒子孫書」라는 글에는 울산으로 옮긴 배경에 대해 적혀 있다. 이 글은 그가 47세이던 1682년에 쓴 것으로, 임진왜란 이후 이사하기까지의 사회상, 가정 내력, 이사, 자녀 혼사, 생원시 급제와 죽은 아내에 관한 일, 자식들에 대한 당부 등이 수록되어 있다. 이 자료는 집안의 미묘한 문제까지 언급하고 있어 문집에서조차 수록하지 않은 것이다.

그 내용을 살펴보면 영천 거주 당시의 생활형편에 대해 "낮고 조그만 집은 아침저녁 바람조차 가리지 못하였고, 비록 논밭이 있다고는 하나 벼는 잘 자라지 않았고, 산이 있다고는 하나 땔나무도 충분하지 못하였다"고 하였다. 결국 울산 이주는 "일만 번을 생각해도 별 수가 없었지만 그대로 죽을 수는 없었다"라는 절박한 판단에 따른 것이었다. 그가 울산으로 이사하게 된 이유에는 경제적 궁핍 외에 그의 큰아들 세현을 화산에 사는 윤생원 가에 장가들인 것이 중요한 원인이 되었다. 이 결혼은 그의 가문보다 상대적으로 한미한 가문과의 강혼降婚이었다. 이에 친척과 주변 사람들이 모두 손가락질을 하며 본성을 잃었다고 욕하였다. 그는 지역 선비 세계에서 강혼으로 말미암아 유별로 징계를 받을 지경이었고, 유림들이 모이는 도청都廳에도 참가하지 못할 형편이었다. 그는 당신의 심경을 "죽을 지경이 되어도 죽지 못하고 집에 앉아 기다려야 하였으니 너희 같으면 어떻게 했겠느냐?"며 하소연하였다. 결국 영천 사림이던 그는 눈물을 흘리며 '세바리 짐'에 불과한 이삿짐을 꾸려 고향의 품격을 올리고자 하는 울산 사림의 초청을 받아 울산으로 이주하였던 것이다.

　이후 박상진의 가문이 송정에 정착한 것은 울산 이주부터 백여 년이 훨씬 지난 18세기 말로 박상진의 종고조 성우性愚 때의 일이다. 박상진의 생가가 지어진 것은 그의 증조부인 사유가 분가한 뒤인 1825년의 일이다. 생가는 안채에서 볼 때 오른쪽에 곳간채가, 왼쪽에 날개채가 있었다. 안채에서 마주 보이는 중문의 오른쪽에 아래채가, 왼쪽에 사랑채가 있었으니 넓은 마당을 중심으로 ㅁ자형을 이루고 있었으며, 전체 규모는 6동 30칸 규모였다.

　이 집을 물려받은 박상진의 할아버지 용복은 근검한 성품과 두터운 덕이 있는 유학자로서 몸소 실천하며 학문에 힘썼다. 그 결과 47세의 늦은 나이에 1870년(고종 7) 식년 진사시에 합격(3등 88위)하였고 암행어사의 추천으로 북부도사北部都事에 제수되었다. 박용복은 재산 관리에도 밝아 부모로부터 물려받은 2천 석을 7천 석으로 늘려 가문의 경제적 기반을 확실히 다졌다. 사람들은 그의 집터를 풍수지리적으로 소가 누워 있는 모양인 '와우형臥牛形'이라고 하였다. 이를 믿은 용복은 생가에서 마주 보이는 안산案山 구릉의 풀을 소에게 줄 양식으로 여기고 베지 않았으며, 그 땅에는 농사도 짓지 않았다고 한다. 그러나 다른 사람은 생가의 지세가 재물은 넉넉하나 관운은 그다지 따르지 않는 곳이라고도 하였다. 용복은 바닷가 출신을 경시하던 당시의 풍조로 인해 울산에 사는 것은 과거시험에서 불이익을 받는다고 생각하였다. 그는 인근의 경주로 이사하기로 결심하고 경주군 외동면 녹동에 새 터를 마련하였다. 이때는 1879년경인데, 용복은 송정에서와 마찬가지로 시룡과 시규 두 형제

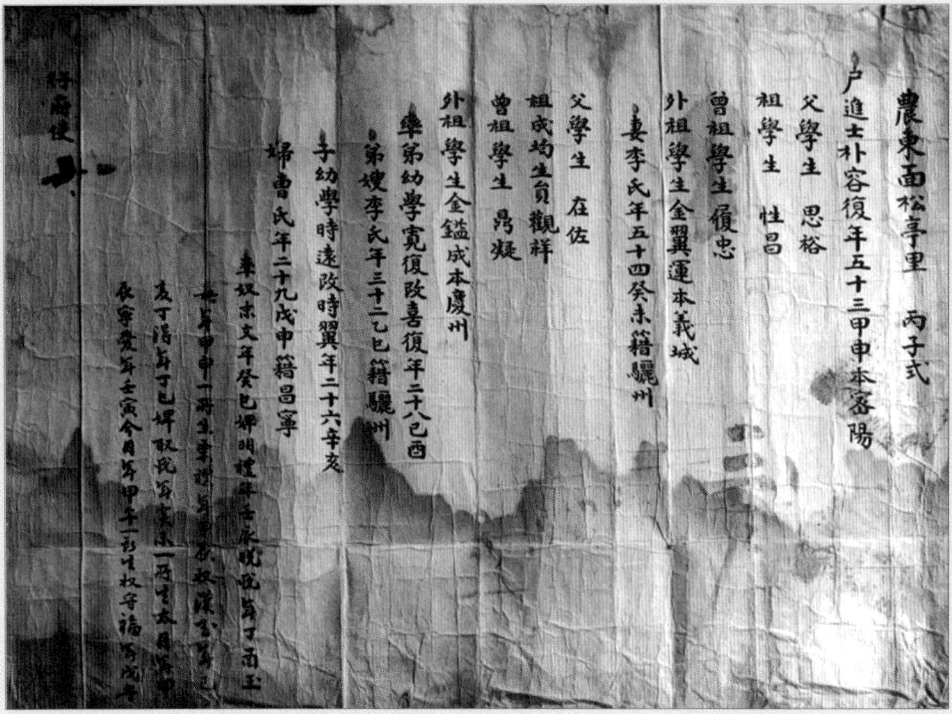

農東面松亭里 丙子式

戶進士朴容復年五十三甲申本密陽
父學生 思裕
祖學生 性昌
曾祖學生 復忠
外祖學生金翼運本義城
妻李氏年五十四癸未籍驪州
父學生 在佐
祖成均生員觀祥
曾祖學生 昴凝
外祖學生金鎰成本慶州
率弟幼學寬復喜復年二十八巳酉
弟嫂李氏年三十二乙巳籍驪州
子幼學時遠改時翼年二十六年亥
婦曹氏年二十九戊申籍昌寧

教旨
幼學朴容復進士三等
第九十三人入格者
同治九年三月 日

박상진의 조부 박용복의 호구단자(위)
박용복의 진사 입격(1870) 백패(아래)

의 집도 나란히 장만해 주었다. 이들이 녹동의 집으로 이사한 것은 박상진이 4세이던 1887년이었다.

그의 생부 시규時奎(1861~1928)는 1885년(고종 22) 식년시 을과 4인으로 급제한 후 성균관 전적, 사간원 정언, 홍문관 시독, 장례원 장례를 지냈고 1910년 경술국치 직전에는 정3품으로서 규장각 부제학에 임명되었다. 백부 시룡時龍(1851~1930)은 동생보다 5년 늦은 1890년(고종 27) 별시 을과 3인으로 급제하여 홍문관 시독, 봉상시 봉사, 교리 등을 역임하였다. 그런데『대한제국관원이력서』에는 시규의 현주소를 울산군 녹동면 송정리 7통 6호로 기록하고 있고, 시룡의 급제 사실을 기록한『문과방목文科榜目』에는 그의 거주지를 경주로 기록하고 있다. 여기에는 시규의 거주지도 경주로 기록하고 있으나 이는 오류이다. 그의 가문이 울산에서 경주로 이전한 것은 형제가 급제한 1885~1890년 사이가 분명하므로, 집안에서 전하는 1887년 설이 믿을 만하다. 박상진은 1887년 경부터 경주 녹동으로 이사하여 양부모의 집에서 유복하게 자랐다.

정이 많고 효심이 지극한 아이

박상진은 갑신정변의 소용돌이가 지나간 무렵인 1885년 1월 22일(음력 1884년 12월 7일) 울산광역시 북구 송정동에서 아버지 시규와 어머니 여주 이씨驪州李氏 사이에서 장남으로 태어났다. 일제 측 자료나 문중에 전하는 일부 기록을 근거로 하여 그의 출생지를 경주로 주장하는 견해도 있다. 그러나 현재 그의 후손들은 '송정(울산) 출생 녹동(경주) 성장'으로 믿고 있다. 또한 박상진이 출생한 해인 1885년에 급제한 박시규의 이력서에 그가 송정에 거주하고 있다고 기록되어 있고, 5년 후인 1890년에 급제한 박시룡의 교지敎旨와 시권試券에 경주에 거주하는 것으로 되어 있기 때문에 박상진은 울산에서 태어나 이후 경주로 이사하여 성장한 것으로 이해하는 것이 타당하다.

그런데 그의 출생지는 현재 복원된 생가가 아니다. 본래의 생가는 복원된 생가의 좌측 편에 있었으나, 지금은 헐려 옛 모습은 전혀 찾을 수 없다. 전하는 말에 의하면 시룡과 시규 형제의 집은 담장을 가운데 두고 쪽문을 통해 왕래할 수 있어 비를 맞지 않고 다닐 수 있었다고 한다.

박상진의 출생은 손이 귀한 집안에서 큰 경사였다. 큰아버지 시룡은 34세가 되도록 창녕 조씨와의 사이에 후사가 없어 애태우고 있었다. 그런데 10살 아래인 생부 시규와 여주 이씨 사이에도 바로 애가 생기지 않아 여주 이씨가 걱정을 하며 백일불공을 드리는 등 온갖 정성을 기울였다. 어느 날 여주 이씨가 태몽을 꾸었다. 경주의 어느 연못가에서 백발을 한 풍채 좋은 노인이 그녀에게 가까이 오라고 손짓하는 꿈이었다. 박상진은 태어난 지 100일 만에 당시의 사회적 관습과 집안의 법도에 따라 큰아버지에게 출계하였다. 양모인 큰어머니는 마치 자기가 낳은 아들처럼 잘 돌보았으며, 그는 양모를 생모로 알고 자랐다. 그는 밤이면 할머니 품안에서 잠이 들었고, 낮이면 할아버지가 업고 놀아주었는데, 마치 손바닥에 든 구슬처럼 귀하게 여겼다고 한다. 박상진이 태어난 그 해에 생부가 을유乙酉 문과文科에 급제하였고, 5년 뒤에는 양부가 경인庚寅 별시別試 문과文科에 급제하는 겹경사가 났다. 그리고 동생들이 연이어

박상진 생가(울산광역시 북구 송정동 355, 울산광역시 문화재자료 제5호)

경주시 녹동 집터

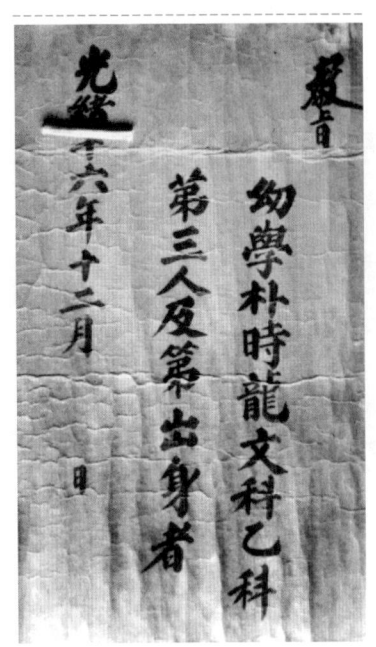

양부 박시룡의 문과 급제(1890) 홍패

태어나니 그는 집안에서 복덩이 같은 존재였다.

박상진은 어린 시절부터 유난히 정이 많았는데, 특히 자기보다 어렵고 불우한 사람들을 도운 일화가 전한다. 5세 되던 해의 따뜻한 봄날, 박상진은 집의 담 밑에서 마을 아이들과 놀고 있었다. 그때 한 거지 노파가 그의 집에서 준 나락을 바가지에 담아 가지고 집 문을 나서며 "이처럼 좋은 집안에서도 거지에게 주는 곡식에 돌이 반이 넘는다"고 말하였다. 이 말을 들은 박상진은 거지 노파를 데리고 안으로 들어가 할머니에게 "거지에게 주는 곡식은 하찮은 것에 불과한데 왜 돌이 섞인 나락으로 주셨습니까? 좋은 곡식으로 더 주십시오"라고 하였다. 그러자 할머니는 그의 등을 어루만지며 어린 종이 몰라서 그런 것이라며 기특해 하였고, 할아버지도 다섯 살짜리 어린 아이가 할 말이 아니라고 놀라며 좋은 곡식으로 한 말이나 내주었다. 이에 감복한 거지 노파는 가는 곳마다 이 사실을 말하였고, 이 말을 들은 인근 마을에 그에 대한 칭찬이 자자하였다.

7~8세 되던 무렵 박상진은 제 또래 아이들 중에 떨어진 옷을 입은 아이를 보면 자기가 입었던 옷을 벗어 입혀주곤 하였다. 그러면 양모는

그를 꾸중하기는커녕 오히려 늘 옷을 여유 있게 많이 만들어 두었다. 할아버지와 할머니는 이런 박상진을 늘 무릎 위에 앉혀 두고 대견해 했고, 양부모와 생부모의 사랑까지 듬뿍 받으며 자랐다. 특히 양부는 박상진이 콩으로 메주를 쑨다고 해도 믿을 정도로 신뢰가 두터웠다고 한다.

또한 박상진은 효심이 지극한 아이여서 생부가 어려운 일을 시켜도 시키는 대로 잘 하였고, 생모는 그를 효자라고 칭찬하였다. 성인이 된 후에도 붙잡히면 사형당할 것을 뻔히 알면서도 생모의 장례에 참가한 사실에서 그의 효심을 알 수 있다.

10세 전후의 일화도 살펴보자. 그해 명절을 앞두고 양부와 양모가 심하게 다투어 양부의 고함 소리에 집안사람들은 물론 노비들도 어쩔 줄 몰라 눈치를 보며 전전긍긍하였다. 화가 난 양모가 종을 데리고 송정동 옛 집으로 떠나 버리자 어린 상진이 나섰다. 그는 사랑채로 가서 양부에게 "소자 꾸중을 각오하고 한 말씀 올립니다. 자식들과 아랫것들이 보는 데서 어머니를 그렇게 대하시면 어머니께서 이후 저희들과 아랫것들을 어떻게 대할 수 있겠습니까? 그리고 명절에 조상님께 올릴 음식을 며느리 없이 정녕 이런 분위기 속에서 준비해야만 하는지요?"라고 간곡하게 말하였다고 한다. 잠시 정적이 흐른 뒤 양부는 아무리 어린 자식의 말이라 하더라도 그 말이 옳다고 여겨 온화한 목소리로 "그렇다. 정녕 네 말이 맞구나. 내 지금이라도 아이를 보내도록 하마"라고 했다고 한다.

경주 최부잣집 딸과 혼인하다

박상진은 어린 시절 녹동과 송정을 오가며 수업에 정진하였다. 그가 15세가 되던 1898년 경주(월성) 최씨 가문과 혼담이 오갔다. 그해, 상진은 월성 최씨 가암파佳巖派 주손 현식鉉軾의 동생인 현교鉉敎의 장녀 영백永伯과 혼인하였다. 현교는 1888년 형인 현식과 함께 사마시에 합격하여 1901년 순릉참봉에 임명되었으나 나아가지 않았다. 그는 주사산朱砂山 아래에 연사정鍊砂亭이라는 정자를 짓고 시와 술로 세월을 보내 사람들이 신선이라고 불렀다. 최영백은 박상진보다 2살 연상인 17세 소녀로 큰 집안에서 부러울 것 없이 자랐으며 심성이 착했다.

경주 최부잣집은 9대 진사와 12대 만석꾼 집안으로 널리 알려진 명문 가문이다. 경주 최부잣집은 최치원崔致遠의 12세 손으로 조선 초기 성균관 사성司成을 지낸 최예崔汭를 파조로 하는 사성공파司成公派의 후예이다. 본래 경주 최부자로 먼저 알려진 것은 배반파계培盤派系인 최경천崔擎天(6세)의 가계였다. 그의 후손들은 누대에 걸쳐 시내 중심부인 황오리 넓은 터에서 부를 누리고 있었다.

그 뒤를 이은 후대 최부자 집안은 사성공파의 한 갈래로 최치원의 17세이자 최예의 7세손인 정무공貞武公 최진립崔震立 장군을 파조로 하는 가암파가 명성을 이어갔다. 가암파란 내남면內南面 이조리伊助里의 마을 이름에서 유래한 것이다. 가암파는 12대에 걸쳐 300여 년 간 만석꾼의 영화를 이어갔는데, 세계世系는 다음과 같다.

경주 최부잣집(경상북도 경주시 교동 69, 중요민속자료 제27호)

> 진립-동량-국선-의기-승렬-종률-언경-기영-세린-만희-
> 현식-준

경주 최부자 집안에는 독특한 가르침과 철학이 있었다. 최부잣집이 이른바 사회지도층의 도덕적 책무인 노블리스 오블리주noblesse oblige의 표상으로 거론되거나, 가업유지와 경제교육 및 경영사상이 학술적으로 논의되는 것은 그 때문이다. 현재 경주시 교동 69번지에 있는 최씨 고택(중요민속자료 제27호) 안에는 경상북도와 경주시가 세운 '경주 최부잣집의 가르침'이라는 안내판이 있다.

최부잣집은 "재물은 똥거름과 같아서 한곳에 모아두면 악취가 나서

견딜 수가 없고 골고루 흩뿌리면 거름이 되는 법이다"라는 가르침을 바탕으로 '육훈六訓'과 '육연六然'을 가슴에 새겨 '베푸는 삶'을 실천했다. 최부잣집 사람들의 베푸는 삶의 실천 의지는 중용中庸의 "치우치지 말고, 성급하지 말고, 욕심내지 않는다. 어느 것이든 완벽한 가치는 없으며 좌우에 치우침이 없이 의롭게 산다"는 부분에서 비롯된 것이다. 이런 중용의 덕을 실천하기 위해 마지막 최부자 최준의 증조부 최세린은 호를 '대우大愚(크게 어리석음)'라 하였으며, 부친 최현식은 호를 '둔차鈍次(재주가 둔해 으뜸가지 못함)'라 하였다.

여기서 말한 최부잣집의 '육훈'은 집안을 다스리는 여섯 가지 지침이고, '육연'이란 자신을 지키는 지침을 말하는데, 그 내용은 다음과 같다.

육훈

- 과거를 보되 진사 이상 벼슬을 하지 말라.
- 만석 이상의 재산은 사회에 환원하라.
- 흉년기에는 땅을 늘리지 말라.
- 과객을 후하게 대접하라.
- 주변 100리 안에 굶어 죽는 사람이 없게 하라.
- 시집 온 며느리는 3년간 무명옷을 입어라.

육연

- 스스로 초연하게 지내고　　　　　　　　　　　　自處超然
- 남에게 온화하게 대하며　　　　　　　　　　　　對人靄然

- 일이 없을 때 마음을 맑게 가지고　　　　　　　　　無事澄然
- 일을 당해서는 용감하게 대처하며　　　　　　　　有事敢然
- 성공했을 때는 담담하게 행동하고　　　　　　　　得意淡然
- 실의에 빠졌을 때는 태연히 행동하라　　　　　　失意泰然

　　최부잣집의 재산은 가암파 1대인 진립이 자손에게 재산을 나눠준 분재기_{分財記}에 의하면 노비가 52명이나 되었다는 기록을 통해 초창기의 규모를 알 수 있다. 그런데 최부잣집의 실질적인 재산은 3대 국선 때 이룬 것이라 할 수 있다. 재산 규모가 천석인지 만석인지 확인할 수 있는 구체적인 자료는 없으나, 그의 책상 위에는 남에게 돈을 빌려주고 받은 담보 문서가 가득하였다고 한다. 그러나 그는 자신이 남에게 돈을 빌려준 것은 받기 위함이 아니었다고 하며 이 문서를 모두 태워버려 부채를 탕감해 주는 등 친척과 향리의 어려운 이웃을 구제하는 데 힘썼다. 11대인 현식 때에는 재산이 더욱 늘어난 것으로 보인다. 그는 흉년 때 많은 사람들을 구제하였는데, 배를 곯고 떠돌아다니는 수백 명이 몰려들어 그의 집안은 마치 시장과 같을 정도였다고 한다. 마지막 부자인 최준의 생전 회고에 의하면 물려받은 재산이 약 6천 석이고, 불린 재산이 약 3천 석이었으며, 노비가 100명 정도 있었다고 하니 300년을 이어 온 부잣집의 규모를 짐작할 수 있다.

　　그로 인해 양가에는 문화적 차이가 있었다. 박상진의 가문은 학문을 익히고 과거에 급제하여 출사하는 것을 중히 여겼고, 영백의 가문은 출사의 명예보다는 일정한 학문 수업으로 만족하고 가세를 확장하고 부를 통한 안락함을 즐기는 것을 중히 여겼던 것이다. 결혼 초기에는 이런 두 집안의 문화적 차이로 이런저런 말들이 조금 있었다. 그러나 두 사람은 성장 배경의 차이를 잘 극복해 나갔다. 최영백은 타고난 어진 성품으로 부잣집 규수답게 모든 살림을 시원시원하게 처리해 나갔다. 그녀의 시어머니는 "역시 큰살림을 본 사람은 다르구나"라며 그녀를 인정하고 살림을 모두 맡겼다. 박상진의 생모도 자기 며느리인 여강 이씨보다 그녀를 더 지극하게 여길 정도였다고 한다. 신혼 초기에는 후사가 없어 걱정하였으나, 3년 만인 1901년 드디어 장남 경중敬重이 태어났다.

그러나 그녀는 40세에 청상과부가 되고 말았다. 1921년 8월 11일 박상진이 대구감옥에서 교수형으로 순국한 것이다. 그의 시신은 13일에 철로를 이용하여 경주로 운구되었으나, 장례는 순국한 지 열흘이나 지난 8월 21일 처가의 주관으로 고향이 아닌 처가의 선산인 내남면 노곡리에 안장되었다. 그것은 그의 사촌 처남 최준으로 인해 가세가 기울어져 한 뼘의 땅조차 없었기 때문이다. 장례식이 하루 이틀 지연되자 영백이 직접 나서 사촌 동생인 최준에게 장지를 내놓으라고 울부짖었다고 한다. 지금 그의 묘소가 있는 백운대는 박상진의 장인이 자신의 유택으로 마련해 두었던 것을 내준 것이다.

박상진의 사형이 집행되자, 그의 죽음을 애석해 하는 대구부녀회에서 수의를 마련해 와 대렴까지 마쳤다고 한다. 이때 영백은 하늘이 무너지는 듯한 슬픔 속에서도 남편이 마지막 가는 길을 배웅하며 손수 마련한 수의로 갈아입히고, 후에 자신이 죽으면 합장해 달라고 하였다고 한다. 그런데 남편의 장례를 마치고 나자 그녀는 평소 정갈하던 모습과는 달리 세수조차 하지 않고 자리에 누워 곡기마저 끊어 버렸다. 어른들의 만류와 꾸지람에도 불구하고 계속 식음을 전폐하자 사태가 심상치 않음을 느낀 친정 부모가 와서 "네 마음을 모르는 바 아니나, 네가 정녕 이렇게 생을 마치면 네 자식을 돌보지 않겠다. 그래도 좋으냐?"며 으름장을 놓으며 한편으로는 사정을 하였다. 그럴 때면 마지못해 한 술 뜨는 척하다가 친정 부모가 돌아가고 나면 또 곡기를 끊어 버렸다.

그러던 중 한 달 보름 뒤 손자 위동이 태어나자, 그녀는 손자가 집안을 일으켜 줄 것이라는 희망으로 자리를 털고 일어났다고 한다. 그녀는 손자들이 잘못이라도 하면 "이놈들! 너희들이 어느 어른의 자손인데 그렇게 행동하느냐!"고 호되게 야단칠 정도로 남편의 애국정신을 고귀하게 여겼다고 한다.

박상진의 아내는 사촌 동생 최준과 재산 분쟁 문제를 겪고, 결국 송사에서 패하여 가문은 몰락의 길로 내몰렸다. 당장 끼니를 걱정해야 하는 처지에서 그녀는 1957년 부산으로 이사하였다.

당시 그녀의 비참한 생활이 『부산일보』(1961. 3. 5)에 「배고픔과 병에 시달려 얼굴이 부은 최여사」란 제목으로 보도되었다. 이 기사는 그녀의 사진과 함께, 허물어져 가는 판자 지붕 아래에서 야채장사를 하며 보리밥조차 먹지 못하고 보릿가루를 물에 타서 허기를 달래며 연명하는 가족의 고달픈 삶을 전하였다. 특히 어린 손자들이 매일 학교에서 월사금을 내지 못해 쫓겨 온다는 기사는 당시의 어려운 생활을 여실히 보여준다. 결국 그녀는 83세를 일기로 타향인 부산에서 생을 마감하였다. 박상진의 후손들은 경주 최부잣집에서 시집온 그녀를 매우 경모하였으나,

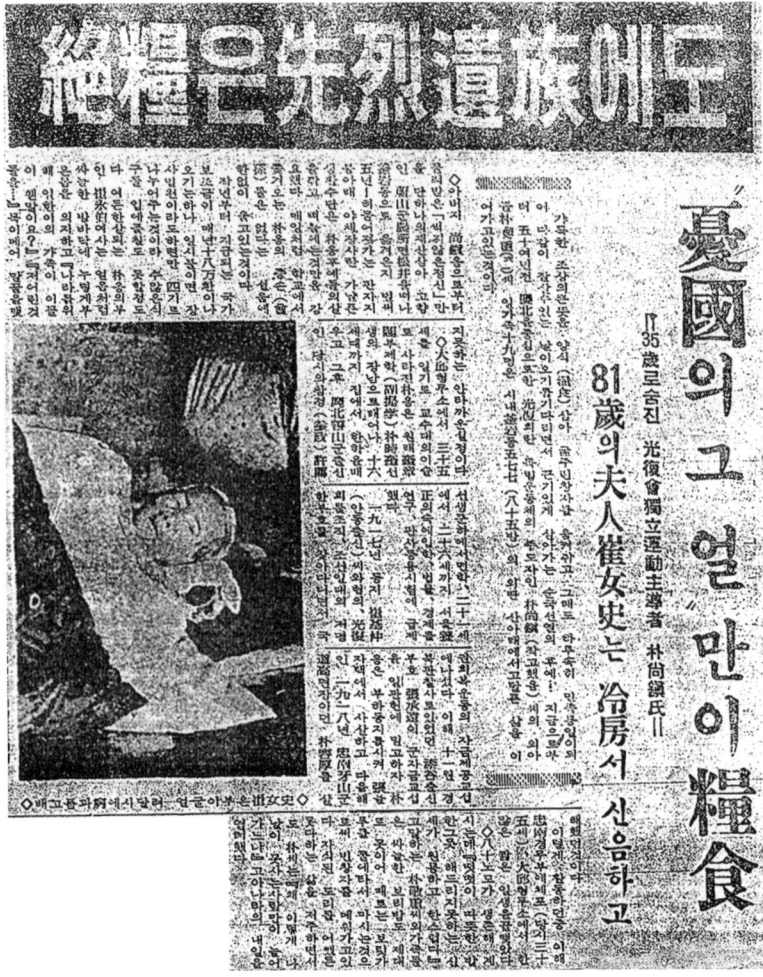

최영백의 비참한 생활을 보도한 기사(『부산일보』 1961년 3월 5일)

재산 송사와 관련하여 최준과 경주 최부자 가문에 대해 불편한 감정을 지니고 있다.

여기에서 박상진과 최준 사이의 재산 송사를 간략히 알아보자. 최준은 경주 최부잣집 막내 부자로, 박상진의 사촌 처남이자 독립운동 동지였다. 그런데 최준과의 인연은 그의 집안을 비참한 생활로 내몰았다. 박상진 아들의 기록에 의하면 최준에게 빼앗긴 논이 97,580평, 밭이 17,910평, 임야가 195만 평이라고 한다. 논과 밭은 미쓰이물산三井物産 경매와 관련된 땅이고, 임야는 그냥 빼앗긴 것이라고 한다.

박상진의 사촌 처남 최준

박상진은 독립운동 자금 마련을 위해 1912년 대구에서 상덕태상회를 설립하였고, 1914년에는 포목상인 내외물산을 새로 열면서 많은 돈이 필요하였다. 그런데 내외물산이 6개월 만에 경영에 실패하여 문을 닫게 되자 박상진은 외상거래를 위해 미쓰이물산에 근저당 3만 원을 설정하였다. 이때 저당 잡힌 박상진의 토지는 논이 500두락, 밭이 400두락으로 모두 900두락이었는데, 시가로는 6~7만 원에 이르렀다. 이후 미쓰이물산이 근저당 설정된 박상진의 재산을 경매처분 할 때 보증인이었던 최준이 이를 헐값에 인수하였다. 이를 두고 박상진과 최준 사이에 사전에 약속한 독립운동 자금인지, 아니면 최준이 합법적으로 인수한 사유재산이지, 아니면 경제적 곤경에 처한 최준이 도장까지 보관하고 있던 박상진의 재산을 가로챈 것인지 여부에 대한 주장이 엇갈려 소송으로까지 번졌다. 그 시비를 논의하지는 않겠지만 소송 당시의 상황은 박시규의 「제망자상진문祭亡子尙鎭文」(부록 참고)을 통해 확인할 수 있다.

02 스승 왕산 허위를 만나다

사종형 규진을 스승으로

박상진은 7세 무렵부터 경주 녹동에서 사종형四從兄인 창고蒼皐 규진煃鎭 (1855~1928)의 문하에서 10여 년 동안 전통 한학을 수학하였다. 그는 특히 고대사에 등장하는 위인의 역사를 애독하였다고 한다.

박규진은 일찍이 족친인 소암小庵 시무時戊(1828~1879)에게 수학하다가, 묵은默隱 시주時澍(1856~1921)와 함께 정재定齋 류치명柳致明 (1777~1861)의 문인으로서 안동 유림인 척암拓菴 김도화金道和(1825~1912)의 문하에 입문하였다. 시주는 서파西坡 류필영柳必永(1841~1924)의 문하에서 몇 년을 더 공부하다가 진보眞寶 흥구興丘로 옮겼다. 후에 울산으로 돌아온 규진도 몇 년 후 진보로 옮겨 가 살았다.

이처럼 박상진 가문의 학맥은 일찍이 퇴계의 학통을 이은 정재학파와 관련이 있음을 알 수 있다. 류치명은 안동 소호에서 태어났는데, 대산大山 이상정李象靖(1711~1781)의 외증손으로 손재損齋 남한조南漢朝

(1744~1809)의 문하에서 수학하였다. 정재의 문하에서는 김흥락·김도화·권세연·류필영 등 다수가 배출되었는데, 이들은 대부분 안동의병을 주도한 인물들이다.

김도화는 안동군 일직면 구미동에서 약수若洙의 아들로 출생하였는데, 이상정의 가장 뛰어난 제자인 김굉의 증손이다. 어머니는 진양 정씨晉陽鄭氏인데 남한조의 외손녀였으니 퇴계학맥을 이은 후손이었다. 그의 처가는 고성 이씨固城李氏인데, 석주石洲 이상룡李相龍의 존고모부가 된다. 그는 25세 때인 1849년 아버지의 편지를 들고 류치명을 찾아 가서 문하에서 『대학大學』을 배웠다. 그는 김흥락과 함께 정재의 제자로서 학파를 형성하였는데, 휘하에 문인이 322명에 이를 정도였다. 정재학파의 계보도를 정리하면 다음과 같다.

> 이황李滉 – 김성일金誠一 – 장흥효張興孝 – 이현일李玄逸 – 이재李栽 –
> 이상정李象靖 – 남한조南漢朝 – 류치명柳致明 – 김도화金道和·류필영柳必永

김도화는 어려서 과거에 뜻을 두기도 하였으나 포기하고 도학에 전념하였다. 그는 자신이 새로운 학설을 주창하기보다는 선현의 학설을 받들어 숭상하고 실천하고자 하였다. 따라서 그가 의병에 참가한 것은 당연한 일이었다. 김도화의 민족운동에서 중요한 부분을 차지하는 것은 을미의병 참가이다. 김도화는 을미의병 전기에는 논의 단계에 주도적으로 참여하였고, 후기에는 직접 의병장으로 추대되어 71세의 고령의 나이에 지게를 타고 다니며 의병부대를 지휘하였다.

그러나 안동의병이 패퇴한 1896년 7월 이후 김도화의 활동에 대해서는 알 수 없다. 다만, 을사오조약을 강제로 맺게 되었을 때 그의 대외 인식에 변화를 보이고 있어 주목된다. 그는 을사오조약의 파기를 주장하는 상소문 '청파오조약소請罷五條約疏'에서 만국 공법에 의한 세계 질서를 주장하였다. 또한 1910년 강제병합을 당하자 '만국의 대인들은 동포'라는 인식을 보인다. 그는 제자 류인식柳寅植(1865~1928)이 계몽운동가로 전회하였다고 하여 문하에서 파문해 버렸기 때문에 이는 엄청난 인식의 전환인 셈이다.

망국 이후 김도화는 향리에 은거하며 최익현·민영환·이재명·안중근·이준·김순흠 등 독립운동가의 약전을 지어 구국항쟁의 교훈을 후세에 남기고자 하였다. 당시 그의 변함없는 항일의식과 기개를 보여주는 일화가 전한다. 그는 자기 집 대문에 한일병합에 절대 반대한다는 단호한 의지를 담아 '한일합방대반대지가韓日合邦大反對之家'라는 글자를 크게 써 붙였다고 한다. 또 1911년경 조선총독부가 일본인 학자 다카하시 도오루高橋亨을 보내 그를 회유하며 학문을 계속할 것을 권유하였다. 이에 그는 "망국의 신하가 원하는 것은 오직 구주舊主의 봉환과 구속舊俗의 보존"이라고 대답하였다. 즉, 자신이 바라는 것은 우리나라 왕의 복위와 전통 풍속의 보존이라며 강력한 독립 의사를 피력한 것이었다. 다카하시는 뜻을 이루지 못하였으나, 김도화의 기개와 절의에 탄복하였다고 한다.

박시주의 스승인 류필영은 류치명이 세상을 떠난 후 동학인 김흥락·김도화·권세연 등과 교유하며 학통을 이어 나갔다. 그는 이미 14~15

세의 나이에 사서삼경은 물론 제자백가에도 능통하였다. 그는 "공부하는 단계에서는 사서가 육경보다 앞서야 하지만 의리의 핵심에서는 육경이 뿌리가 되고 사서가 가지가 된다"고 하여 육경에 더욱 비중을 두었다. 그는 후일 영남유림들로부터 '남곽북류南郭北柳(남쪽에는 곽종석, 북쪽에는 류필영)'이라는 찬사를 들을 만큼 학문적으로 높은 평가를 받았다.

류필영은 1881년(고종 18) 영남만인소嶺南萬人疏에 참가하여 조사曹司로 활동하였다. 퇴계의 학통을 계승한 정통 유림인 그가 영남만인소의 중심적 인물로 참여한 것은 당연한 일이며, 1895년 을미사변을 당하여 의병으로 거의할 것을 주장한 것도 당연한 일이다. 또한 그는 1919년 유림들의 독립운동인 '파리장서'운동에 참가하였다. 그는 이 청원서에 곽종석·김복한·고석진에 이어 네 번째로 서명하였는데, 이는 학맥과 지연에서 매우 중요한 사실을 알려준다. 참여 유림의 서명 순서를 확정하는 것은 영남과 호서 두 계열의 장서운동 통합 회의에서 중대하게 논의된 의제의 하나였다. 따라서 그가 네 번째로 서명한 것은 김흥락과 김도화의 사망 이후 그가 남인 호론 계열 유림 가운데 정재학파의 구심점 역할을 하고 있었다는 사실을 입증한다. 따라서 그의 거취는 영남 일원의 유림들에게 큰 영향을 끼쳤는데, 경북 지방의 서명자가 60명에 이르고, 특히 북부 지방인 안동·봉화·영주에서만 18명의 서명자가 나왔다는 것은 그의 영향력을 보여준다.

이처럼 류필영은 철저한 위정척사 사상을 소유한 인물이었다. 따라서 개화 계몽운동을 펼치려는 아들 류인식과의 관계는 날로 악화되었다. 그 결정적 계기는 류인식이 개화사상가로 전회하여 서울에서 단발을 하고 고향으로 내려온 일이었다. 류인식은 아버지가 거처하는 침산정枕山亭으로 가서 아버지를 설득하고자 하였다. 그러나 류필영은 아들에게 추상같은 호령을 치고는 앉지도 못하게 하고 밖으로 내쳤다. 당시 이 같은 부자관계가 사람들의 입방아에 오르내렸고, 안동은 물론 전국에서 류필영과 류인식을 비난하는 편지가 쇄도하였다. 이에 상심한 류필영은 끝내 부자관계를 끊어 버리고 말았다.

이처럼 박상진은 어린 시절부터 정재학파의 적통을 이은 김도화의 문하에서 수학한 사종형 규진에게 수학하며 박상진은 그의 영향을 받았다. 규진은 엄격하고 준엄하게 자기 관리를 하며 학문을 연마한 깨끗한 선비였으나, 세상의 번잡함을 싫어하여 거처를 진보로 옮겼다. 류필영에게 수학하고 온 박시주도 진보로 옮겨 살았으니, 박상진 가문의 정재학맥이 진보로 옮겨진 것이다. 당시 진보는 산수가 아름다운 요새지로 세상을 등진 선비들이 은거하기에 적합한 곳이었다. 어린 박상진도 스승인 규진을 따라 진보로 갔다. 그는 녹동과 진보를 왕래하며 학문을 연마하였고, 한동안 진보에 머무르기도 하였다. 박상진은 그곳에서 운명의 스승을 만났다.

허위를 만나 혁신유림의 길로

박상진이 왕산旺山 허위許蔿(1854~1908)를 처음 만나 인사를 드린 것은 스승 규진을 따라 옮겨 간 진보에서였다. 그 시기는 1899년경으로 알려져 왔으나 허위가 관직생활을 위해 상경한 시기가 1898년이므로 그 이

전으로 보는 것이 타당할 듯하다.

  허위는 경상북도 선산군 구미면 임은리에서 아버지 허조許祚와 어머니 진성 이씨眞城李氏 사이에서 4남의 막내로 태어났다. 임은에 살던 허위 일가는 1894년 동학농민운동이 일어나고, 특히 선산과 상주 일대의 동학세력이 강성하자 이를 피하여 진보로 옮겼다. 그의 맏형은 방산舫山 허훈許薰(1836~1907)으로 아들 같은 막내 동생 허위의 공부를 돌봐주었으며, 진보의진에 참여하였다. 이후

박상진의 스승 허위

그는 동생 허겸과 허위의 의병활동에 전 재산을 내어 지원하고 자신은 은둔하며 학문에 전념하였다. 그의 문하에서 진주의병장 노응규盧應奎가 수학하기도 하였다. 둘째형은 허신許藎으로 문재가 뛰어났으나 요절하였고, 셋째형은 허겸許蒹으로 을미의병 때 형과 함께 진보의진에 참여하였고, 이후 만주로 망명하여 부민단扶民團을 조직하여 초대 단장으로 활동하였다.

  허위는 향리인 선산에서 이기찬李起燦 등과 의병으로 봉기하였다. 을미사변의 소식을 듣고 상주·김천·선산 지역의 유생들이 상호 연락을 하며 의병을 도모하였다. 이때 상주 유생인 이기찬이 목천에 거주하던 친척 이기하李起夏와 함께 허위를 찾아와 의병 봉기를 협의하였다. 허위는 이미 의병을 모집하고 있던 중이므로, 이기찬과 함께 1896년 2월 11일 김산金山(지금의 김천)으로 들어가 근거지로 삼았다. 이들은 그곳의 향반으로서 의병을 일으킨 여영소呂永韶 등과 연합하여 3월 10일 김산향교

에서 의병을 일으켰다. 이를 김산의진이라고 한다.

김산의진의 창의대장에는 이기찬이 추대되었고, 허위는 참모장이 되었다. 의진은 김산장날 읍내로 들어가 수백 명의 의병을 모집하고 군아의 무기고를 습격하여 무장을 갖추는 등 군세를 강화하였다. 김산의진은 3월 14일 지례(知禮)에서 관군과 전투를 벌였다. 그러나 지휘체계의 미비와 전투력의 열세로 지고 말았다. 허위는 잔여 의병 가운데서 포군 100여 명과 유생 70~80명을 모아 북상하여 충청북도 진천까지 진격했다. 그러나 이곳에서 임금의 근신인 전경운(田慶雲)으로부터 임금의 해산명령 밀지를 받고 의진을 해산하였다.

김산의진은 여러 세력이 연합한 부대였다. 이들은 유생이라는 공통점 말고는 학통성·혈연성·지역성을 공유하지 못하였다. 이 같은 상호 이질적 성격이 의진의 결속력과 전투력을 약화시키는 요인이 되었으나, 이들은 일본군 격퇴라는 명분으로 동족 간의 싸움을 금하는 등 민족의식을 지니고 있었다.

이처럼 허위 형제는 모두 항일투쟁에 참가하였다. 허위는 김산의진에 참여한 후 큰형이 살고 있는 진보로 돌아와 은거하며 학문에 정진하고 있었다. 그러던 중 진보로 옮긴 동년배인 규진, 시주와 교류하게 되었다. 허위가 순국했을 때 규진과 시주가 각각 그를 애도하는 만사를 보낸 것으로 보아 그들의 교류는 매우 깊었던 것으로 보인다.

진보를 왕래하며 공부하던 박상진이 스승이자 족형인 규진을 통해 허위를 만나게 된 것은 자연스러운 일이었다. 당시 15세의 박상진은 허위의 문하로 들어가, 허위와 그 주변 인물들과의 교분을 통해 학문의 영

왕산허위선생기념관(경북 구미시 임은동)

역을 넓히며 새로운 세계를 경험할 수 있었다. 당시 그곳에는 허위 삼형제뿐만 아니라 영양군 입암 출신의 권영만權寧萬도 있었고, 그리 멀리 떨어지지 않은 청송 보현산의 두마리斗磨里에는 허위와 김산의진에 함께 참여하여 중군中軍에 임명되었던 벽도碧燾 양제안梁濟安이 은거하고 있었다.

이처럼 당시 진보에는 을미의병에 참여하였거나, 척사적 의식을 지닌 유생들이 많이 살고 있었다. 따라서 박상진의 국권회복 의지와 무장투쟁론은 허위를 비롯한 진보 지역 유림들과의 교분을 통하여 형성된 것으로 이해할 수 있다.

허위는 1899년 2월 1일 신기선申箕善의 추천으로 환구단圜丘壇 참봉參奉에 제수되어 상경했다. 그의 경륜과 포부를 들은 고종이 그에게 사환의 길을 열어 준 것이다. 그로 인해 진보에서 허위와 박상진의 사제관계는 그리 오래가지 못하였다. 그러나 박상진이 스승의 뒤를 따라 1902년에 상경하여 다시 문하에서 수학하며 혁신유림의 길을 걸었다.

허위는 성균관 박사, 주차일본공사수원, 중추원의관, 평리원수반판사 등을 두루 거친 뒤, 1904년 8월에는 평리원서리재판장에 임명되었다. 이 직책은 오늘날의 대법원장서리에 해당한다. 허위는 평리원의 책임자로 있으면서 불의와 권세에 타협하지 않고 공정하고 신속하게 사무를 처리하여 칭송이 자자하였다. 서울에서 관직생활을 하는 동안 허위는 장지연과 교유를 통해 신학문과 신사상에 관심을 갖게 되었다. 이는 1904년 8월 의정부 참찬에 임명된 그가 정부에 건의한 10가지 조목 가운데 학교 건립, 철도와 전기 증설, 노비 해방, 은행 설치 등을 주장한 것에서도 알 수 있다.

1904년 2월 한일의정서韓日議定書를 강제 당하자, 허위는 전국에 배일 통문을 돌려 의병 봉기를 촉구하였다. 당시 정부 관료 가운데 유일하게 허위만 일제의 침략을 규탄하고 의병 봉기를 독려하였던 것이다. 이후 일제에 의해 몇 차례 구금되었던 허위는 1905년 7월 끝내 강제 귀향조치 당하였다. 그는 1907년 11월 이인영과 13도창의군을 조직하여 1908년 1월 말 동대문 밖 30리 지점까지 진공하였으나, 일본군과의 교전 결과 패배하고 말았다. 이후 그는 의병항전을 계속하였으나, 1908년 6월 11일 붙잡혀, 9월 27일(양력 10월 21일) 교수형 당하였다. 이때 그의 나이는 55세였다.

박상진은 허위의 의진에 직접 참여하여 의병투쟁에 나서지는 않았는데 그 이유는 당시 그가 양정의숙에 재학 중이었기 때문으로 보인다. 그는 국권회복을 위해 의병투쟁에도 적극적이었다. 허위가 1906년 6월 이강년·여중룡·우용택·이병구 등 김산의진의 동지들과 거의를 논의하고, 1907년 가을 경기도 연천에서 의병을 일으키자 박상진은 스승의 강화의영江華義營에 5만 원의 자금과 무기를 제공하는 등 적극 지원하였다.

이처럼 허위와 박규진과 박시주의 교류와, 박상진과 사제관계의 깊이는 허위가 순국한 후에 더욱 분명해진다. 『허위전집』에 전하는 박규진과 박시주가 쓴 만사의 내용을 살펴보자.

박규진의 만사

와룡강 위의 독서당에서
다만 행장行藏의 절개가 밝았네.
천하를 부술 철퇴가 되고자
손 안의 경중을 헤아리지 않았네.
사리를 밝게 알아 화의和議를 배척하여
적을 꾸짖는 소리 만세토록 들리도다.
사람이 금수로 변해가는 무렵에
삼강오륜을 세웠으니
청사靑史에 천고토록 이름이 남으리라.

박시주의 만사

와룡臥龍이 처음 인간 세상에 나갈 때

허위의 묘소(경북 구미시 임은동)

덕조德操가 홀로 개탄하였다.
기량이 아무리 좋다고 해도
한 나무로는 엎어짐을 잡기 어렵다.
문산文山이 마침내 살신하여서
만고의 충의가 온전하였다.
통한을 어찌 말로 다하랴.
눈물이 샘처럼 쏟아지는데
신이 되어 창천蒼天에 호소하여서
국운이 행여나 연장될런가.

허위는 사형장에서 "시신을 거둘 사람이 있는가?"라고 묻는 한국인

검사의 질문에 "사후의 거둠을 어찌 괘념할 것인가? 이 옥중에서 썩어도 좋으니 속히 형을 집행하라"고 당당하게 대답하였다.

　박상진은 스승의 순국 소식을 듣고 서대문형무소로 달려갔다. 당시 시신을 인수해 가라는 연락을 받고 여럿이 서대문형무소로 갔으나, 겁이 나서 감히 아무도 접근하지 못하고 있었다. 그때 그가 나서 스승의 시신을 인수하여 하얀 천으로 감싸 안고 나왔다. 그는 장례 경비 일체도 부담하여 정성을 다해 스승을 고향인 지경내로 모셨다. 당시 허위의 큰형 허훈은 이미 세상을 떠났고, 셋째 형 허겸은 만주로 망명하여 독립군으로 활동하고 있었기 때문에 사실상 박상진이 상주였다. 그는 마지막까지 스승에 대한 예를 다하였다. 허위가 형장에서 자신의 사후 처리에 대해 그토록 의연하게 대답할 수 있었던 것은 제자에 대한 믿음이 있었기 때문으로 여겨진다.

03 노비를 해방시키다

노비를 해방시키고 독립운동에 나서

우리나라의 노비제도는 1894년의 갑오개혁 때 공식적으로 폐지되었다. 그러나 그 이후에도 신분질서는 여전히 존재하였고, 노비는 여전히 가장 하층민이었다. 민족해방운동은 봉건적 신분의 해방으로부터 시작하기 때문에 많은 독립운동가들이 독립운동에 나서며 먼저 자기 집의 노비를 해방시켰다. 박상진을 비롯하여 이상룡·김좌진·이회영·여운형·류인식 등이 있다.

  이상룡은 신민회의 결정에 따라 서간도행을 결정하였다. 당시 안동 유림들은 대가족이나 문중을 단위로 망명하였기 때문에 준비과정이 복잡하였다. 많은 인원이 이동하고 정착한 뒤 숙식 등에 필요한 물자와 경비를 조달해야 했다. 강제병합 직후인 1910년 겨울, 일제는 이상룡의 집을 찾아왔는데 이는 일제의 감시 상황을 짐작하게 한다. 그런 상황에서 전답과 가옥 등 많은 가산을 비밀리에 한꺼번에 모두 정리하는 것은

노비를 해방시킨 독립운동가들(왼쪽부터 이상룡, 김좌진, 이회영, 여운형)

쉬운 일이 아니었다. 그럼에도 이상룡은 가노家奴들의 노비문서를 불태워 그들을 양민으로 해방시키고 토지를 나누어 준 다음 만주로 망명의 길을 떠났던 것이다.

김좌진도 고향인 홍성에서 국권회복운동에 나서며 노비를 해방시켜 주었다. 그가 노비 해방을 단행한 시기는 기록에 따라 15~17세로 약간의 차이는 있으나, 그 사실은 명백하다. 김좌진의 집은 부호로 많은 노비를 거느리고 있었는데, 어느 날 김좌진은 노비들을 모아놓고 잔치를 벌인 뒤 노비문서를 불태우고 자신이 소유하고 있던 전답을 노비들에게 골고루 나눠주었다. 그리고 곧 신교육운동을 전개하여 호명학교 설립을 주도하였다. 가노를 해방시키고 학교를 건립하는 것은 김좌진과 류인식이 거의 같은 시기에, 같은 방법으로 벌인 계몽운동이었다. 현재 김좌진의 홍성 생가 대문 입구에는 '가노를 해방시킨 것은 민족의 봄이요家奴解放民族春, 청산리 대첩은 광복의 몸통이다靑山大捷光復身'라는 문구가 걸려

김좌진 생가 대문 입구('가노 해방은 민족의 봄'이란 문구가 걸려 있다)

있다. 이는 가노 해방과 청산리 대첩을 그의 대표적 업적으로 평가한 것이다.

여섯 형제의 독립운동으로 유명한 이회영도 노비를 해방시켰다. 그는 바야흐로 사민四民이 자유 평등한 시대가 왔다고 여기고, 이른바 '삼한갑족三韓甲族'으로서 기득권이나 권위의식을 던져 버렸다. 그는 구시대의 관념과 인습을 과감히 버려야 한다고 생각하고, 상하의 신분 구별을 없애고 신분이 천한 사람들이라도 생각이 같으면 악수를 나누고 동지로 대접하였다. 그가 노비를 해방한 것은 이 같은 평등사상을 실천한 것이라 할 수 있다.

건국동맹을 조직하여 광복에 대비했던 여운형의 노비 해방에 대한 내용은 자료를 통해 구체적인 내용을 알 수 있다. 그는 1908년 아버지의 3년 상을 모신 뒤 가문에 일대 변혁을 단행하였다. 그는 자신의 상투를 자르고 집안에서 모셔 오던 역대 조상의 신주를 불태웠으며 조상의 제사를 그만 지내기로 하는 등 봉건적 인습과 결별을 선언하였다. 그리고 집안 노비를 모두 모아놓고 그들이 보는 앞에서 노비문서를 불태우며 "그대들을 다 해방하노라. 이제부터는 상전도 없고 종도 없다. 그러므로 '서방님'이니 '아씨'니 하는 호칭부터 싹 없애라. 오직 인간은 날 때부터 평등하니, 주종主從의 예는 어제까지의 풍습이요, 오늘부터는 그런 구습을 탈피하고 제각기 알맞은 직업을 찾아가라"고 말하였다.

이 같은 여운형의 파격적인 모습은 고향인 양평군은 물론 경기도 전체로 퍼지며 큰 파문을 일으켰다. 그를 도덕과 의리를 그르친 사람이라고 욕하며 협박하는 양반들도 있었다. 그러나 여운형은 인간은 본래 자유롭고 평등한 존재로서 생존권은 신성불가침의 권리라고 강조하며 그 누구도 노비를 거느릴 수 없다고 주장하였다. 이처럼 봉건적 구습과 결별한 그는 자택에 광동학교를 세우고 신교육운동을 펼쳤다. 이 또한 류인식과 김좌진이 걸었던 계몽운동의 길과 같은 것이다.

계몽운동가로 탈바꿈한 류인식의 활동은 1907년 협동학교를 세운 것이 대표적이지만, 이듬해에 노비를 해방시킨 것도 주목할 만하다. 그는 인류의 평화를 부르짖는 시대에 계급 차별은 인도적 견지에서 볼 때 실로 모순이며, 국력 단합에도 해독이 매우 크다고 여겼다. 따라서 그는 노비를 해방시키고 적자와 서자의 구분을 타파하고자 하였다. 류인식이 1920년대에 백정의 신분해방운동인 형평운동을 지원했던 것은 이 같은 인식의 발로였다.

이처럼 한국독립운동사에서 커다란 족적을 남긴 이상룡·김좌진·이회영·여운형·류인식 등은 모두 가노 해방을 시작으로 민족운동에 나섰음을 알 수 있다. 그들에게 노비의 해방은 일제에 속박된 민족 해방을 위한 첫걸음이었다.

적서 차별 철폐와 노비 해방을 실천하다

박상진은 21세이던 1904년 고향으로 내려와 노비를 해방시키고 적서의 차별을 없애는 혁신을 단행하였다. 이는 이미 혁명가로서 박상진의 사상이 확립되었음을 입증하는 것이나, 한편으로는 그의 스승 허위의 영향으로도 생각해 볼 수 있다.

허위는 의정부 참찬이던 1904년 구국방안으로 10개의 개혁안을 제출하였다. 그는 장지연 등과 교류하며 자주적 개화의 필요성을 인식하였고, 바탕은 전통 유학에 두고 있었으나 신학문도 두루 섭렵하며 세계 사조의 변화에 부응하려는 개신유학의 입장을 취했다. 그가 작성한 10개의 구국개혁방안은 그의 사상과 현실인식을 집약적으로 보여준다. 그 내용은 다음과 같다.

허위의 10개 구국개혁방안

1. 학교를 세워 인재를 기르며, 재주가 우수한 자를 골라서 외국에 유학시킬 것
2. 군정軍政을 닦아서 불시의 변에 대비하고 군사는 농사에서 나오고 농

사는 군사에서 나오는 것이니 춘추로 무술을 연습하고 출입하면서 농사군農事軍과 교환할 것
3. 철도를 증설하고 전기를 시설하여 교통과 산업에 이바지할 것
4. 연탄을 사용하여 산림을 보호, 양성할 것
5. 건답乾畓에는 수차水車를 써서 물을 대도록 할 것
6. 뽕나무를 심어 누에를 치고, 못을 파고 물고기를 기르며 또 육축六畜을 기르도록 할 것
7. 해항세海港稅와 시장세市場稅가 날로 더하고 달로 증가하여 상인들이 부지할 수가 없으니 공평히 처리할 것
8. 우리나라 지폐는 폐단이 심해서 물가는 몹시 높고 화폐는 지극히 천하여 공사의 허다한 재용이 고르지 못한즉 은행을 설치하여 금·은·동전을 다시 통용할 것
9. 노비를 해방시키고 적서嫡庶를 구분하지 말 것
10. 관직으로 공사를 행하고 실직實職 이외에는 차함借啣하는 일을 일체 없앨 것

이 개혁안에는 신학문을 통해 개화사상을 수용한 그의 사상과, 학교·군사·경제·산업·세제·사회·유통 등에 대한 현실인식이 잘 나타나 있다. 그러나 당시 조정이 친러수구파에 의해 장악당해 개혁안은 받아들여지지 않았고, 결국 허위는 의정부 참찬직을 사임하였다.

박상진은 스승 허위가 제시한 개혁안 중 노비를 해방시키고 적서 차별을 없애는 것은 자신이 직접 실천할 수 있는 것으로 여겼다. 그는 고

향으로 내려와 부모에게 이 사실을 말하고 허락을 받아 가노를 해방시키고 적서의 차별을 없앴다. 그의 부인 최영백의 회고에 의하면 가마를 따라다녔던 계집종을 비롯하여 다른 노비들도 모두 해방시켜 주었으나, 그들은 그의 집안이 몰락할 때까지 집을 떠나지 않았다고 한다. 이 일화를 통해 그의 집안이 노비를 어떻게 대우했는지 알 수 있다. 육촌 동생 용진埇鎭(1903~1986)이 전하는 박상진에 관한 또 하나의 일화가 있다. 박상진이 어느 날 서울에서 축음기를 사가지고 고향에 왔다. 소문으로만 듣던 축음기를 보고 집안사람들과 하인들이 모두 기웃거리며 신기해하였다. 그러나 하인들은 감히 가까이 오지 못하고 사랑채 담 밑에서 눈치만 보고 있었다. 이를 본 박상진이 "이 좋은 물건을 다 같이 보고 들으면 좀 좋은가? 다들 가까이 와서 듣도록 하라"고 말하여 모두 같이 들었다고 한다. 박상진보다 스무 살 가까이 어렸던 용진은 이 사실을 회고하며 어린 마음에도 신분을 따지지 않던 형의 모습이 놀라웠고, 그의 선각자적 위대함을 느낄 수 있었다고 하였다.

또한 밀양박씨 족보인 『정사보丁巳譜』(1917)에는 적서의 구분이 보이지 않는데, 이는 박상진이 당시 박씨문헌록간행역소朴氏文獻錄刊行役所에서 교정을 맡아 보고 있던 부친 시룡에게 간청했기 때문이라고 한다.

노비 해방과 적서 차별의 철폐는 박상진이 스승 허위로부터 신학문과 신사상을 수학하며 혁신유림으로 바뀌어간 면모를 보여주는 것이라 할 수 있다. 그는 함께 광복회 활동을 하였던 동지 김좌진이나 교남교육회 동지였던 류인식 및 이상룡·이회영·여운형 등과 마찬가지로 민족운동의 첫 걸음으로 노비의 해방을 실천하였다.

신학문을 수학하고 견문을 넓히다 04

신학문을 배우고 동지를 만난 양정의숙

박상진은 19세인 1902년 스승 허위가 있는 서울로 상경하였다. 그가 부모로부터 고향을 떠나는 것을 허락받을 수 있었던 것은 자손이 귀한 집안에서 결혼 2년 만인 전 해에 장남 경중을 낳았기 때문이었다. 또한 당시 생부와 양부가 모두 서울에서 관직생활을 하고 있었기 때문에 서울에서의 거처 문제가 해결된 것도 한 이유였다.

상경한 박상진은 스승을 다시 만나 그로부터 정치와 병학에 대해 배웠다. 그는 허위 문하에서 1904년경까지 수학하였다. 이는 허위의 관직생활과 구금, 의병활동 등으로 더 이상 직접적인 사제관계가 지속될 수 없었기 때문으로 보인다. 허위는 박상진에게 신학문과 신사상을 수용할 것을 권유하였는데 그가 양정의숙養正義塾에 입학한 것은 스승의 권고에 따른 것으로 알려져 있다.

박상진은 1905년(1906년 설도 있음) 양정의숙 전문부에 입학하여 법률과 경제를 공부하였다. 양정의숙은 1905년 2월 군무협판軍務協辦 엄주익嚴柱益이 세웠고, 같은 해 4월 학부로부터 설립 인가를 받고 근대 사립학교로 개교한 학교로 현 양정고등학교의 전신이다. 엄주익은 1904년 일본으로 건너가 일본의 새 문물을 견학·시찰한 후 감명을 받고 귀국하여 당시 상황에서의 급선무는 교육의 보급임을 절실히 느끼고 학교를 세웠다. 그는 처음에 같은 뜻을 가진 7~8인과 더불어 나라를 구할 인재를 배양하기 위하여 『주역周易』에 나오는 '몽이양정蒙以養正 양심정기養心正리(깨우쳐서 바름을 기르고 심성을 길러 자신을 바르게 한다)'라는 창학이념으로 학교를 세우고 숙장塾長이 되었다. 1907년 7월에는 엄비嚴妃가 경선궁慶善宮·영친왕궁英親王宮에 소속된 전라남도 함평·무안·광양, 경기도 이천·풍덕 등지의 토지 약 200만 평을 하사하며 학교를 후원하였다. 1908년 3월에는 보성전문학교 경제과 2년생 34명이 집단 퇴학하고 편입을 희망하자 이들을 받아들여 경제학 전문과를 신설하였다. 보성전문을 다니던 백산白山 안희제安熙濟도 이때 편입했다. 그러나 1913년 「조선교육령」에 의해 전공학과는 폐지되고, 교명을 양정고등보통학교로 바꾸었다.

 설립 초기에 양정의숙은 3년제 전문학교 과정으로 입학자격은 17세 이상이었다. 전문대학 과정이기 때문에 연령제한을 둔 것이었으나, 관공립과 사립보통학교를 졸업한 사람은 무시험 전형으로 선발하였다. 양정의숙은 1905년 5월 12일 첫 입학생으로 70여 명을 받아들였고, 1908년 4월 13일 첫 졸업생으로 22명을 배출하였다. 양정의숙 제1회 졸업식은 엄숙하고 장엄하게 진행되었다. 『대한매일신보』1908년 4월 21일

양정의숙 설립자 엄주익(양정고등학교 교정내) 양정의숙 창학터비(세종문화회관 뒤)

양정학교 창학100주년기념탑(2005)

자 기사에 의하면 졸업식장에는 군악과 육각六角이 울려 퍼지고, 휘황찬란한 화환이 늘어서 있었다고 한다. 이 또한 양정의숙과 졸업생에 대한 사회적 관심과 기대를 반영한 것이라 할 수 있다.

1906년 7월 3일자 『만세보萬歲報』는 개교 1년이 지날 무렵의 양정의숙에 대해 다음과 같이 보도하였다.

양정의숙은 역시 법학 전문인데 교사校舍가 광광廣ㅎ고 학원學員이 다수치 아니ㅎ나 교사 김상연 장도 석진 형 제씨가 명예로 열심 교육ㅎ며 학원이 무무근학務務勤學하고 교장 엄주익씨가 해교該校 유지에 진심갈력盡心竭力ㅎ다 ㅎ니 제이第二 기자椅子에 좌坐ㅎ겟고 …….

양정의숙 졸업식 기사(『대한매일신보』 1908년 4월 21일)

이 기사는 설립된 지 1년에 불과한 양정의숙을 보성학교 다음으로 평가한 것이다. 또한 1908년 9월 6일자 『대한매일신보』는 제4회 신입생 모집 시험에 100여 명이 몰려들었다고 보도하고 있어, 당시 양정의숙에 대한 관심을 알려준다.

양정의숙은 법률학과 경제학 전문학교 과정이었기 때문에 각 년별 교과목도 법률학과 경제학 중심으로 편성되었다. 초기 양정의숙의 교과과정은 다음과 같았다.

제1년급 : 국가학·법학통론·경제원론·민법개
론·형법통론·만국역사·산술·일어
제2년급 : 형법각론·민법(물권·채권)·행정법(총론·
각론)·상법(총론·각론)·재정학·일어
제3년급 : 국제공법·국제사법·화폐은행론·근시近
時외교사·일어

안희제

양정의숙의 개교 당시 교가는 확인되지 않으나 『만세보』1907년 3월 23일자에 육당 최남선이 지은 「양정의숙경축가養正義塾慶祝歌」가 실려 있는데, 여기에 곡을 붙여 불렀을 것으로 추측된다. '황천조종皇天祖宗 권우眷佑ᄒ샤 성자신손聖子神孫 상계相繼로다'로 시작되는 경축가는 비록 동궁(순종)의 탄신일을 경축하고 양정의숙 학생들에게도 탄신을 배헌拜獻하도록 요구하는 것으로, 양정의숙과 황실과의 밀접한 연관성을 알려주는 자료이다. 현재의 교가는 1924년 최남선이 작사하고 김인식이 작곡한 것이다.

박상진이 입학할 당시의 교원 명단은 알 수 없지만 박상진이 졸업할 무렵 교원으로 숙장 엄주익, 숙감 안종원安鍾元, 학감 석진형石鎭衡, 강사 김상연金祥演·유문환劉文煥·이용무李用戊·이진우李珍雨·이면우李冕宇·박만서朴晚緒·신우선申佑善·안국선安國善·유승겸俞承兼·유치형俞致衡·장도張燾 등이 확인된다. 당시 시내 학교의 형편을 보면 교원들의 담당 시간이 적어 전임 교원은 적었다. 따라서 교원은 시내의 사립학교를 순회하며 강의하는 강사들로 충당하는 경우가 많았다.

양정의숙은 박상진에게 신학문을 받아들이고 미래의 동지들을 만나는 계기가 되었다. 안희제는 양정의숙에서 만난 대표적인 동지이다. 또한 전주 출신의 오혁태吳爀泰, 평양 출신의 김덕기金悳基와는 누군가 뜻있는 일을 시작하면 서로 돕기로 약속하고 변치 말기를 다짐하며 기념 촬영을 한 사진이 전한다.

박상진이 재학하던 시절은 일제가 러일전쟁에서 승리한 기세를 몰아 침략을 가속화 하였고, 결국 을사늑약을 강요하여 우리를 '보호국'으로 만들어 버리는 등 식민지로 전락해 가던 급변기였다. 또한 헤이그 특사와 이를 빌미로 한 일제의 광무황제 강제 퇴위와 융희 황제 즉위, 구한국 군대의 강제 해산과 의병전쟁의 확대 등의 시국변화는 박상진을 학문에만 몰두하게 하지 않았다.

견문과 인적기반을 넓히다

박상진은 1905년, 중국인 반종례潘宗禮를 따라 중국 텐진天津을 다녀왔다. 당시 텐진은 반외세 반제운동이 벌어지던 곳이었는데, 그는 이곳을 돌아보며 제국주의 열강의 아시아 침략 현장을 목격하였다. 당시 그는 무기를 구입하였다고 하나, 기록이 없어 중국 여행에 대한 상세한 내용은 알 수 없다.

그러나 박상진이 반종례와 교류하였다는 것은 눈여겨 볼 만하다. 일제의 을사늑약 강제에 반대하여 자결한 외국인이 두 명 있었는데 한 명은 동양을 돌아다니며 평화주의를 주장하던 일본인 니시자카 유타카西坂

豊였고, 또 한 명이 바로 중국인 반종례였다.

반종례는 중국인 유학생으로 자는 자인子寅인데, 중국 순천부順天府 퉁저우通州 또는 톈진 사람으로 알려졌다. 그는 일본에서 유학을 하고 자기네 나라로 돌아가던 중 인천항에 이르러 일제가 을사늑약을 강제하였다는 소식을 듣고, 한국인들이 학대당하는 모습을 보고는 눈물을 흘리며 흐느꼈다. 마침 같은 배에 타고 있던 한 상인이 을사늑약에 반대하여 자결한 민영환閔泳煥의 유서를 보여주자, 그는 유서를 읽은 후 울면서 말하기를 "충신은 다만 그 죽음이 늦으나 몸을 희생하여 나라를 구한다는 것은 모름지기 망하기 전에 도모해야 하는 것이다. 대세가 이미 틀렸으매 피를 뿌린들 어찌 미치리오. 한·중의 순치관계를 생각할 때 한국이 이미 망했다면 중국 또한 위태한 것이다. 우리 국민이 아직도 그것을 깨닫지 못하고 있으니 사전에 피로써 그것을 경고하지 않으면 안 되겠다"라고 말하고, 시무십사조時務十四條를 열거하여 친우에게 부탁하여 정부에 올리도록 하고 바다에 뛰어 들어 자결하였다. 그의 나이 42세였다.

이 소식을 들은 위안스카이袁世凱는 그를 의롭다고 하고 즉시 조정에 알리는 한편, "우리 아들은 이미 갔으니 동포여 어찌할 것인가? 제군들은 더욱 힘쓸 것이며 나 또한 책임을 느끼겠다"라며 슬퍼하였다. 또한 위안스카이는 그를 애도하는 글을 지었는데, 그 내용은 "가련하도다. 지사가 생을 가벼이 버리다니 … 그것은 마침내 성난 파도가 되어 큰 바다를 흔들었도다. 원컨대 국민 단체는 결단하여 함께 절조를 지켜 미친 듯 날뛰는 어지러운 물결을 바로 잡을지어다"라는 것이었다.

반종례의 자결 소식이 상세히 알려졌던 것은 인천항으로부터 온 어느 중국인이 박은식朴殷植에게 이 사실을 알려 주었고, 박은식이 그 내용을 『한국통사韓國痛史』에 썼기 때문이다. 박은식은 그 소식을 듣고는 "반군은 진실로 중국을 위해 순국했다고 할 것이나 그러나 우리나라 일로 인해서 이렇게 되었으니 또한 혈족血族의 기류氣類를 느낀 데서 그러한 것이 아니었겠는가?"라고 말하고, 그의 공덕을 추모하고 애도하는 장문의 뇌사誄辭를 지어 바다에 던지며 조의를 표하였다. 그 내용은 다음과 같다.

아아! 애통하도다.
아름다운 한 사람이 있었음이여
오늘의 노연魯連(노중연)이로다.
성품이 연燕 조趙의 강개慷慨함이여
시대를 상심하여 코 눈물이 그치지 아니하도다.
대양을 항해하다가 진주를 구함이여
약목若木(해가 지는 곳)을 거역하라 말을 돌림이로다.
인천항에 이르러 용여容與(태도나 마음이 태연함)함이여
아름다운 단군, 기자 산천이로다.
봉황이 이 나라에서 나옴이여
면면히 4천년을 내려왔도다.
중화의 문물을 받았음이여
자고로 도타웠던 혈연이로다.

第三十九章　中國志士潘宗禮蹈海

示書社同志書曰不自量力以討凶逆扶綱常大義仰叫天陛矣竟値罔極之辱於犬羊之奴使吾儒種子及身而滅亡故只以一死謝諸君子噫上焉而千百年在前下焉而千百年在後俯仰穹壤今日何日默究義諦焉幾愧於前後之人矣夫剝盡復生否極泰來自是天道之常也惟願諸君子勿以今日之晦謂永無生生之道而少屈其志氣壁立于仞之砥柱忍辛耐苦用力下工只要舍死而不要歇脚扶吾道於旣絕延國脉於已亡之地大冬風雪必遽然而萬和方春矣然則不佞今日以身殉義乃爲諸君異日與道俱生之本也

時有中國學生潘宗禮字子寅順天府通州人或曰天津人遊學日本回國舟次仁川港聞日人脅韓締保約且親韓人被虐之狀涕泣嗚咽適有同舟商人閔泳煥遺書示之宗禮覽而泣曰忠臣但其死也晚及於未亡而圖之大勢已去瀝血何及因念中韓唇齒也韓之旣亡中亦危矣而國民猶憒憒無覺焉非以血警之不可乃列十四條時務托其友獻政府遂蹈海而死年四十二歲

直隸總督袁世凱聞而義之卽陳疏具聞于朝且爲文以吊曰吾子已矣同胞奈何諸君勉之四夫有責又贈挽聯曰可憐志士輕生竟化怒濤撼大海願結國民團體共爲砥柱挽狂瀾於時有華人來自仁港訪余述此事余聞而嘆曰潘君固殉乎中國者然因吾國事而有此亦非

환우寰宇가 새로 개벽함을 만남이여

홀로 도원에 싸리문을 닫고 있음이로다.

장사長蛇가 그 독을 뿜음이여

흑풍이 불어 닥쳐 바다가 넘치는구나.

여섯 마리의 큰 자라(을사늑약에 항거하여 자결 순국한 민영환 등 6명)가 죽어서 삼산三山이 들먹임이여

선종仙種의 천수를 누리지 못한 것을 슬퍼함이로다.

새와 짐승들도 짖어대고 귀신도 울부짖음이여

근역槿域 삼천리강산은 홀연히 상전桑田이 되었도다.

슬프도다. 전철前轍이 이미 전복되었음이여

후진後軫이 장차 전복될까 걱정이로다.

슬프도다. 신주神州 성족聖族이여

아직도 코를 드릉대며 깊은 잠에 잠겼도다.

차라리 자기 몸을 버려 대중에 속죄함이여

나는 뒤에 죽는다고 모두 한다면

누가 먼저 죽을 것인가.

장차의 피를 던져 작뢰作雷함이여

귀먹어 아둔한 자들을 깨우쳐 줌이로다.

시무 14조를 지어 피력함이여

북극 北極(임금)을 쳐다보고 간석玗石을 바침이로다.

어룡魚龍을 불러 전도前導함이여

굴원屈原을 따르겠도다.

동포의 대오각성을 바람이여

번득번득 그 영혼英魂을 드날리게 하도다.

한 몸을 두 나라에 바침이여

찬란한 빛이 천추에 길이 남으리다.

바다 바람의 고랑鼓浪을 들음이여

황홀함이 백마의 노분怒奔이로다.

군령軍靈에 의지해서 제위帝位를 지킴이여

천하天河를 끌어 분기氛氣(악한 기운)를 맑게 함이로다.

아인我人을 무궁하게 힘써 줌이여

고의高義를 차고 잊지 말지로다.

자료가 많지 않아 반종례와 박상진의 교류 관계를 더 이상 알 수는 없다. 그러나 을사늑약의 강요로 한국이 멸망했다고 판단하고, 한국과 순치관계에 있었던 중국도 위태롭다고 여겨 이를 자국민에게 경고하기 위해 스스로 죽음을 택한 반종례와의 교류는 박상진이 민족운동을 펼치는 데 커다란 교훈이 되었을 것이다. 또한 그가 생애 최초의 중국 여행을 통해서 목격한 열강국의 동양 침략상은 그가 민족운동에 적극 나서는 동기가 되었을 것이다.

한편 1906년경 박상진은 양정의숙에 재학하며 동지의 규합에 열중하였다. 특히 평민의병장 신돌석申乭石(1877~1907)과 의형제의 결의를 다졌다. 지금도 울산과 경주에는 신돌석의 전설이 전한다. 신돌석이 송정동 박상진의 집에 머물 때 누가 그를 일본 병참소에 밀고하여 일본군

의병장 신돌석

10여 명이 집 주위에 잠복하였는데, 그가 이 사실을 눈치채고 달아나면서 담장을 무너뜨려 일본군을 몰살시켰다고 한다. 집주인이 밀고하였다는 이야기도 있지만 박상진과 신돌석은 의형제 사이였으므로 이는 와전된 내용일 것이다.

송정 마을에는 이 외에도 신돌석과 관련된 이야기가 또 있다. 언젠가 송정 앞마을인 지당地唐의 참물덩게에 돌다리를 놓을 때 장정 몇 명이 달려들어 돌을 올려놓으려고 하는데, 마침 신돌석이 지나다가 이를 보고 혼자 번쩍 들어 올려 다리를 놓았다고 한다. 또한 그가 의병에 실패하여 박상진의 당숙인 박시봉의 집에 피신해 있을 때에는 그 집의 디딜방아를 혼자 힘으로 놓았다고 한다. 대체로 힘이 장사였던 것과 관련된 전설이다. 신돌석은 그 무렵에 경주 최준의 집에서도 머물렀다고 한다.

당시 신돌석은 전국을 돌아다니며 울분을 토로하기도 하고, 마음에 맞는 사람을 찾아 나섰다고 한다. 그가 만났던 인물은 손병희·민긍호·이강년·박상진 등이었는데, 특히 박상진과는 의형제처럼 지냈으며 시사를 논할 때에는 먹고 자는 것을 잊을 정도였다고 한다.

박상진은 1907년경, 상경한 김좌진과 만나 의형제를 맺었다. 김좌진은 고향 홍성에서 노비해방과 호명학교 설립에 참여한 후 부인 오씨와 함께 상경하였다. 그의 상경시기는 기록에 따라 약간 차이는 있으나 1907년경으로 보는 것이 타당하다. 김좌진은 김덕규에게 양자로 출계한 형 경진의 집에 머물렀다. 그가 육군무관학교를 졸업한 것으로 되어 있으나 정황상 불가능한 일이었던 것으로 판단된다. 그러나 김좌진의 서울 생활은 그가 향후 독립투쟁을 전개하는 데 매우 중요한 계기가 되었다. 특히 새로운 인물들과의 교유는 그가 새로운 사상을 받아들이고 국권회복운동에 전념하는 커다란 자산이 되었다. 그는 계동에 있는 윤치성尹致晟의 집에 출입하였는데, 그곳에서 노백린盧伯麟·이갑李甲·유동열柳東說 등과 접촉하며 신식 군사학에 대해 흥미를 가졌다. 이들은 후에 신민회와 광복회에 참여하여 박상진과 동지가 된 인물들이 많았다. 고전적인 군사학 지식이 고작이었던 김좌진에게 일본 육군사관학교와 구한국 군인 출신에게 들은 신식 군사학은 새로운 세상의 이야기였을 것이다. 김좌진은 1907년 김항규金恒圭·김홍진金弘鎭 등과 함께 자진하여 상투를 잘랐다고 한다. 이는 급속히 진행되던 일제의 침략과 식민지화에 대한 위기의식의 발로로 여겨지며, 이후 그가 본격적으로 국권회복운동에 나서며 각오를 다진 것으로 이해된다.

당시 박상진이 김좌진과 의형제를 맺었던 사실은 박상진 순국 후 김좌진이 보낸 만사에서도 확인된다. 만사인 「곡박의사상진씨哭朴義士尙鎭氏」에 보면 '결의도원이십년結義桃園二十年 … '이라는 부분이 보인다. 이는 박상진의 순국이 1921년이니, 이들이 상경시절 만났음을 알려주는 것이다. 김좌진은 이 만사에서 박상진에 대해 자신을 '의제義弟'라고 칭하고 있다. 이처럼 이들은 일찍이 도원결의를 하였고, 광복회 결성의 서곡은 이미 당시에 울려 퍼졌음을 알 수 있다.

박상진은 주한 외교관과 외국인 선교사들과의 접촉을 통해 신문물

선교사 헐버트

과 신사상을 수용하면서 국제정세를 파악하기도 하였다. 특히 그는 미국인 선교사 헐버트Homer B. Hulbert(1863~1949)와 친교가 두터웠고, 그와 국사에 대해 의견을 나누었으며 그를 통해 헤이그 만국평화회의에 특사 파견 사실을 알고 고종의 특사로 파견되는 이준李儁을 찾아가 만난 적도 있었다.

헐버트는 1886년 내한하여 1891년까지 육영공원 교사로 활동하였고, 1893년 2차로 내한하여 감리교 선교사로 있다가 1897년 5월부터 다시 관립학교 교사로 1905년 10월까지 근무하였다. 그 이후에는 고종의 특사로 활동하였다. 당시 그는 우리나라의 역사와 문화 등을 주제로 6권의 단행본을 저술하였고, 188편의 글을 신문과 잡지에 실어 우리나라를 세계에 알리는 데 기여하였다. 그는 초기에는 한국의 근대화를 최상의 과제라 여겼다. 그런데 이를 위해서는 일본이 한국의 근대화를 이끌어 주는 것이 최선이며 이를 통해 한국의 독립도 보장될 수 있다는 다분히 친일적 성향을 지니고 있었다. 그러나 이 같은 그의 낙관론적 대일인식은 1905년 을사늑약을 지켜보며 일제 침략의 본질을 깨닫고 완전히 바뀌었다. 이후 그는 친일적 입장을 버리고 반일활동을 펼쳤는데, 고종 특사 활동은 그 일환이었다.

박상진이 헐버트와 어떻게 알게 되었고 친교 정도는 어떠하였으며, 또한 이준과는 어떤 관계였는가는 자료가 부족해 더 이상 확인할 수 없다. 그러나 그가 양정의숙에 재학하며 신학문과 신사상을 수용하였고,

신돌석·김좌진과 의형제 결의를 맺고 헐버트와 교류하며 견문과 인적 기반을 넓힌 것은 훗날 독립투쟁을 전개하는 데 소중한 자산이 되었다.

05 계몽운동에 나서다

인재 육성을 위한 교남교육회

박상진은 1908년 3월 15일 설립된 교남교육회에 생부 시규와 함께 참여하였다. 을미의병 해산 이후 상경한 영남 유림들은 충의사忠義社라는 단체를 만들어 왕성한 재경활동을 펼치고 있었다. 대표적 인물로는 안동의진에 참여하였던 류인식, 김산의진에 참여하였던 허위·우중룡·이병구와 기타 재외 유생들이 있었는데, 이들이 1904년경 충의사를 조직하였다. 이들은 대한자강회에 참여하여 활동하는 한편, 1907년에는 영우회嶺友會를 조직하여 활동하면서 지역학회 설립의 필요성을 느끼고 있었다.

이러한 추세 속에서 재경 영남 유생들이 교육진흥을 목적으로 교남교육회를 조직하였다. 재경 영남 인사 140여 명은 3월 8일 보광학교普光學校에서 교남교육회 발기회를 개최하고, 이어 14일에 종로 청년회관에서 박정동朴晶東 등 150명이 모인 가운데 임시총회를 열고, 이튿날 보광학교에서 총회를 개최함으로써 창립을 완료하였다.

교남교육회는 설립 취지에서 교육의 중요성을 강조하고 인재의 육성을 목적으로 교육부흥을 위한 학회 설립의 필요성을 역설하였다. 이 같은 목적을 달성하기 위해 교남교육회는 다음과 같은 방침을 제시하였다.

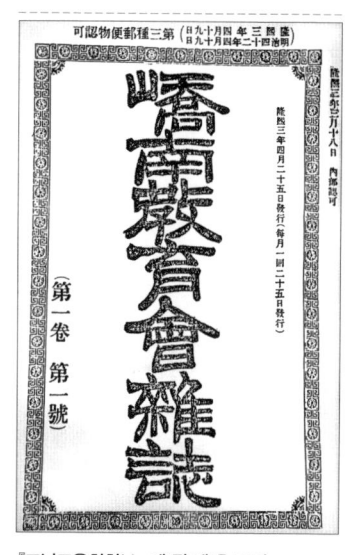

『교남교육회회보』 제1권 제1호 표지

- 사범학교를 경성 내에 설립할 사
- 지회를 본도 내에 인설하야 학교를 성립케 할 사
- 회보와 기타 필요한 서적을 수의 발간할 사

교남교육회는 본회를 서울에 두고 지회를 경상도 각 군 단위로 설치하기로 하였다. 회원 자격은 대한제국 20세 이상의 남자로 교남에서 출생하였거나 또는 본적이나 주소가 교남에 있는 사람으로 규정하였다. 창립 당시 교남교육회는 회장 1인·부회장 1인·총무 1인·평의원 30인·간사원 3인·서기원 2인·재무부장 1인·회계원 2인·도서부장 1인·교육부장 1인을 두었는데, 이후 필요에 따라 부서와 임원수를 늘렸다.

박상진의 생부 박시규는 설립 당시 평의원으로 선임되었다. 『교남교육회잡지 嶠南敎育會雜誌』 1권 1호에 수록된 회원명부에 의하면 박상진은 출신지 표시가 없고 이름도 박상진 朴相鎭으로 잘못되어 있으나, 초기부터 생부와 함께 참여한 것은 틀림없다. 이때 허위의 형인 성산性山 허환 許煥도 참여했는데 그것도 박상진의 참여에 영향을 미쳤을 것으로 보인 다. 박시규는 전통 유학을 수학하고 과거에 급제하여 관직에 진출한 현 직 관료였다. 그래서 신학문을 체계적으로 이해하고 있었다고 볼 수는 없으나, 서울에 체류하며 관직생활을 하는 동안에 국내외 정세를 파악 할 수 있었고, 신문물과 신서적을 통해 계몽운동의 필요성을 느꼈을 것 이다. 그러나 박상진의 양부는 이 회에 참여하지 않았다. 생부와 함께 참여한 박상진은 비록 임원은 아니었지만, 신교육 이수자로서 주목받는 회원이었다.

회원은 대체로 전·현직 관료, 재경 유생, 신식 교육을 받고 있는 과 정의 학생, 일본 유학생 등으로 구성되었다. 1910년 5월경까지 회원은 모두 615명이었는데, 경북이 409명, 경남이 136명으로 경북 출신자들 이 훨씬 더 많았으며, 경북에서는 대구와 안동 출신자들이 많았다. 특히 회원 가운데에는 전·현직 관원이 50명으로 약 8%를 차지하였는데, 이 들은 구학을 바탕으로 과거에 급제한 일부 인사를 제외하고는 갑오개혁 이후 신학문을 배워 관직에 진출한 자들이 대부분이었다.

교남교육회는 서북·기호·관동 학회 등 다른 지역을 연고로 한 학회 와 연대 체제를 형성하여 활동하였다. 뿐만 아니라 중앙이나 지방에서 영남을 연고로 조직된 교남학생친목회·동래부학생친목회·달성친목회 등과도 밀접한 관계를 유지하였다. 또한 중앙 간부를 지회에 파견하여 학교 설립과 유지를 지도하거나, 회원의 지식 계발과 애국심 고취를 위 해 권유위원을 각 지역에 파견하여 계몽 강연 활동을 펼치기도 하였다.

교남교육회는 설립 목표로 하였던 교원 양성기관인 사범학교의 설립과, 회보와 서적의 간행 등은 주도세력이 지닌 지도력의 한계와 재정 궁핍 등의 원인으로 충분한 성과를 거두지는 못하였다. 그러나 지회를 단위로 한 학교의 설립과 그에 대한 지원은 일부 지방에서는 주목할 만한 성과를 거두었다. 그러나 교남교육회 주도층의 계몽운동에 대한 인식은 철저하지 못하였고, 오히려 관료 지향적이었다. 심지어는 점차 친일화하는 성향을 보이기까지 하였다. 따라서 회원 중 일부는 이후 적극적으로 항일투쟁의 선봉에 나섰지만, 적지 않은 인물들이 민족운동 대열에서 이탈했다. 즉, 교남교육회는 국권회복을 목표로 영남의 근대교육을 추구하였으나 한계 또한 지적될 수 있는 계몽운동 단체였던 것이다.

박상진과 박시규의 교남교육회 참여는 그의 가문이 영남 세력에서 차지하는 위상을 가늠하게 해준다. 교남교육회 인적 구성의 한계나 선명하지 못한 노선의 모호함을 볼 때 그의 가입과 활동은 다소 의외이나, 이는 무장투쟁론자로서 박상진의 사상과 노선이 정립되어 가는 과정으로 이해할 수 있다. 교남교육회에서 박상진의 구체적인 활동상을 파악할 수는 없으나, 그가 이 회의 참여를 통해 보다 적극적인 계몽사상을 갖고, 광복회에 동참할 인적 기반을 넓혀 갔음은 분명하다.

영남지방을 대표하는 달성친목회

달성친목회는 1908년 '조선인 청년의 교육·실업 장려를 표방'함을 목표로 대구부에서 지역 인사를 중심으로 결성된 계몽운동 단체였다. 달

서상일 동상(대구 달서구 원화여고 교정)

성친목회의 전모는 1919년 조선국권회복단 중앙총부사건 예심과정에서 제출된 대구경찰서 순사 박준영朴埈永의 '복명서復命書'를 통해 파악할 수 있다. 이에 의하면 달성친목회는 1908년 9월 5일 대구부 명치정明治町 이정목二丁目에서 이근우李根雨 등의 발기로 조직되어 청년들의 교육과 실업을 표방하였으나, 내심으로는 전적으로 유망한 청년들을 단결하게 하여 대한협회와 행동을 같이하고 비밀리에 배일사상을 고취하다가 경술국치와 함께 해산당한 단체임을 알 수 있다.

그러나 해산 이후에도 회원들은 비밀리에 지하활동을 하며 명맥을 유지하다가 1913년 9월 21일 하얼빈에서 귀국한 서상일徐相日에 의해 재조직되었다. 최초 조직으로부터는 5년, 경술국치 이후 3년 만의 일이었다. 서상일은 1911년 윤창기尹昌基·이시영李始榮·박영모朴永模 등과 함께 상업시찰 명목으로 만주와 노령을 여행하며 독립운동 상황을 돌아보고 귀국하였다. 서상일은 1919년 7월 15일 대구지방법원에서 예심판사 미가인육尾家仁六이 자신의 중국과 노령 여행이 국권회복을 위해 동지를 규합하기 위한 것이 아니냐며 다그치자 다음과 같이 답변하였다.

결코 그런 것이 아니었다. 아마도 나의 형 서상규徐相奎가 10년 전 대정

2년경 노령 니콜리스크에 가서 잡화상을 경영하고 있었는데, 대정 2년 경 나는 형이 있는 곳에 갈 작정이었으나, 마침 그 때 배상렴裵相濂이 중국 장백부에 가서 토지를 매입한다고 하여 그와 함께 가서 원산에서 육로로 장백부에 가서 그와 작별하고 그곳에서부터 나는 블라디보스토크에서 니콜리스크의 형한테 가 한 달 가량 체재하다가 귀로에 흑룡강을 건너 하얼빈을 나와 창춘, 펑톈을 거쳐 기차로 돌아왔으며, 대정 3, 4년경에는 이일우李一雨·곽세헌郭世憲·배상렴의 형 배상락裵相洛 등이 중국 시찰을 간다고 하길래 그들과 함께 안동현, 펑톈, 톈진, 베이징에 가서 1개월가 량 구경하다가 귀가한 일은 있다. 이시영은 대구부 경정京町에서 포목점 을 크게 경영하고 있다가 실패하고 대정 4년경 야반도주를 하여 중국 안 동현에 가 지금 그곳에서 장사를 하고 있다.

이 같은 서상일의 답변은 그의 노령과 만주, 중국 관내의 여행이 민 족운동과 관련이 없음을 강조하고 있지만, 그의 귀국 후 행보를 보면 국 권회복을 위한 여행이었음은 의심의 여지가 없다. 그는 귀국 후 달성군 수성면 대명동에 있는 안일암安逸庵과 그 부근의 은적암隱跡庵에서 동지들 과 시회를 빙자하여 수시로 모임을 갖고 국권회복을 모색하였다. 그는 달성친목회가 해산된 것을 유감으로 여기고 이근우·정운일鄭雲馹·서창 규徐昌圭·서기수徐琦洙 등과 논의하여 달성친목회를 다시 일으키기로 하 고 널리 동지를 규합하고 지방 인사들을 설득하여 비밀결사로 재조직하 였다. 서상일은 1919년 7월 15일 대구지방법원에서 예심판사가 달성친 목회 조직 여부에 대해 묻자 다음과 같이 대답하였다.

그렇다. 지금으로부터 10년 전 정운일·최병규, 그 밖의 사람들이 발기하여 대구를 중심으로 지방 교육의 발전을 목적으로 그 회를 설치하였으며, 대구부 수정壽町에 그 회장을 마련하여 회원들이 때때로 집회하고 있었다.

달성친목회는 약 2년이 지난 1915년 9월 대구경찰서에 의해 해산당하기에 이르렀다. 이는 달성친목회가 암암리에 청년들을 규합하여 배일사상을 고취시켰기 때문이다.

달성친목회는 대구를 중심으로 한 영남지방을 대표하는 대규모의 단체였다. 결성 이듬해인 1909년 8월 교남교육회에서 파견한 지방시찰위원 남형우南亨祐의 환영회를 보도한 『황성신문』(1908. 8. 17, 18) 기사에 의하면 환영회의 첫째 날은 회원을 포함하여 250명, 둘째 날은 700~800명이 참석하였다고 하니 그 규모를 짐작할 수 있다. 서상일도 일제의 심문에 회원은 400~500명이었다고 말했다.

달성친목회는 교남교육회와의 연계 아래 계몽과 교육활동을 펼쳤고, 하부 조직으로 법률야학강습소·하기강습소·청년교육구락부를 두고 있었다. 회원은 대구를 중심으로 한 주변 지역의 신사상과 신학문을 수용한 근대적 지식인들로 혈연·지연·학연 등으로 연결된 부호나 유력자의 자제들로서 당시는 20대의 청년들이 많았다. 이들은 미곡상이나 제조업 등의 상업 활동을 통해 국권회복을 모색하고 있었다.

달성친목회 회원들을 중심으로 구성된 강의원講義園 간친회懇親會(일명 강유원講遊園)의 조직과 활동도 주목할 만하다. 이 회는 1913년 3월 15일

서병룡 등의 발기로 조직되었는데, 그 주역의 한 사람이었던 서상일은 예심 때 이 회가 대구 지역 청년들의 지식 계발을 도모하기 위해 조직한 것이고 회원은 40~50명이라고 답하였다. 강유원은 달성친목회의 목적과 일치하였으며, 매주 1회의 정례 모임도 달성친목회 사무실에서 개최하였다. 따라서 강유원은 달성친목회의 별동 조직으로 간주되기도 한다. 강유원의 전모는 앞에서 말한 대구경찰서 순사 박준영의 복명서에 잘 나타나 있다.

강유원은 대정 2년 3월 15일 서병룡·오재숙 등의 발기에 의해 조직되었는데, 그 목적은 해외 유학생 및 조선 내의 학생들을 규합한다는 것으로서 겉으로는 운동을 하여 강화를 행하고 청년의 체육을 겸하여 오락을 목적으로 하는 척 가장하였으나, 내면에 있어서는 친목회와 행동을 같이 하고 암암리에 불령선인과 기맥을 통하여 또는 불온학생을 단결하는 거동이 있다는 것을 인정하여 대정 5년 4월 중에 해산처분을 행했던 것이다. 그러나 친목회원 및 강유원 회원의 일부는 잔무처리라는 명목 하에 회합을 하고 있었던 바, 마침내 대정 5년 8월 중순 경 국권회복을 표방하고 대구부내 남정 서우순徐祐淳의 집에 몰려 들어가 강도를 범한 사례가 있다.

이 복명서에 의하면 일제는 강유원을 달성친목회와 같은 국권회복운동 단체로 파악하였고, 1916년 4월 강제 해산 이후에도 계속 비밀 활동을 진행하여 같은 해 8월 중순에 발생한 이른바 대구권총사건의 진원으로 파악하였음을 알 수 있다. 일제는 예심 과정에서도 이를 집요하게 심문하였다. 이에 대해 서상일은 이 사건의 주역인 홍주일·이시영·정운일 등이 강유원 회원이었던 것은 사실이나, 대구권총사건은 강유원이 이미 해산 당한 뒤에 발생한 일이라며 무관함을 주장하기도 하였다. 물론 1913년 서상일에 의해 달성친목회가 다시 조직되고, 그 시기에 결성된 강유원은 1915년 조선국권회복단에 합류하였기 때문에 계몽운동 단체가 경술국치 이후 독립운동 단체로 옮겨간 대표적 단체로 이해할 수 있다.

박상진이 달성친목회에 가입한 정확한 시기는 알 수 없다. 그런데 그가 1912년에 이미 대구에서 상덕태상회를 기반으로 활동하고 있었고, 다른 자료를 보아도 그가 달성친목회에 참여하였음은 의심의 여지가 없다. 그가 대구를 지역적 기반으로 한 것은 특별한 연고가 있었던 것은 아니지만, 그곳이 경상도의 중심적 대도시였고 또한 주변지역의 많은 인사들이 그곳으로 모여 단체를 결성하는 등 민족운동을 전개할 여건이 유리하였기 때문으로 보인다. 다만, 달성친목회가 처음 조직되었던 1908년 그는 서울에 머무르며 교남교육회에 가입하여 활동하고 있었기 때문에 처음부터 가입하지는 않았던 것 같다. 따라서 초기 가입 가능성을 전연 배제할 수는 없으나, 그와 서상일과의 관계와 그의 대구에서의 활동 시점 등을 종합하면, 박상진은 1913년의 재조직 때 참여한 것으로 보는 것이 타당할 듯하다. 그의 강유원 참여 여부도 확인되지는 않으나, 조선국권회복단 참여나 대구권총사건 등을 감안하면 참여하였을 가능성이 크다.

달성친목회는 교남교육회는 물론 대동청년당과도 밀접한 관련을 맺고 있었으며, 1915년 정월 15일 조선국권회복단의 조직 기반이 되었다.

조선국권회복단은 1915년 정월 대구에서 서상일을 중심으로 한 달성친목회 회원이 결성한 것으로 이해되어 왔다. 즉 조선국권회복단과 달성친목회는 지역적 공간이 일치하고 상당수의 구성원은 중복되나, 별개의 비밀결사로 파악하였다. 또한 조선국권회복단에 대한 연구도 광복회의 선행조직이나 독자적 비밀결사로 보는 견해로 나뉘어 있다. 또한 조선국권회복단의 주도 세력을 박상진과 상덕태상회, 서상일과 태궁상회로 보는 견해가 대립하고 있다. 이는 이용 자료의 구성 차이에 따른 결과이다.

그런데 『고등경찰요사高等警察要史』에 등장하는 '조선국권회복단사건朝鮮國權恢復團事件(일명 안일암사건安逸庵事件)'은 일제가 독립운동을 탄압하기 위해 조작한 가공의 조직이고, 그 실체는 1913년에 재건한 달성친목회였다는 주장이 제기되어 주목된다. 이밖에도 대동청년단의 표면적인 활동 조직이나 전위조직이라는 상반된 견해가 있다.

1913년 정월 15일, 경북 달성군 수성면 안일암에서 시회詩會를 구실로 달성친목회원들이 모였다. 이들은 대종교적 인식을 바탕으로 식민지를 타개하기 위해 노력할 것을 결의하였다. 이 단체를 일제는 조선국권회복단 중앙총부라고 파악하였다. 조선국권회복단이 시회를 표방하며 모인 사람들에 의해 조직된 독립운동 단체라는 점에서 이 단체는 한학적 소양을 지닌 인사들의 결사라 할 수 있을 것이다.

한편, 서상일이 1913년 9월 귀국하여 달성친목회를 재흥시켰는데,

조선국권회복단 중앙총부 결성지(안일사)

1915년 9월 대구경찰서에서 해산명령을 내렸다는 기록이 있다. 날짜는 약간 차이가 있으나, 한 자료에는 조선국권회복단 중앙총부로, 다른 자료에는 재흥 달성친목회로 기록하고 있다. 문제는 조선국권회복단 중앙총부는 『고등경찰요사』와 재판 판결문 등 일제의 기록에 일관되게 등장하는 명칭이며, 일제가 조작한 가공의 단체인지 확인할 수 없다는 사실이다. 또한 해산되었던 달성친목회의 재흥이란 사실은 박준영의 복명서 외에는 확인되지 않는다.

조선국권회복단은 국외 독립운동 단체를 지원하기 위해 동지의 규합과 군자금 모금에 힘썼다. 조선국권회복단은 3·1운동 이후에는 광복회와는 별개의 조직으로서 군자금 모금, 임시정부 지원, 유림단의 파리장서 운동 참여 등의 활동을 펼쳤다. 따라서 조선국권회복단 또한 대동청년단처럼 계몽운동 계열에서 조직하고 주도한 것이나, 무장투쟁을 지원하고 계획하였으며 임시정부와 연계하려 한 비밀결사라고 할 수 있다.

06 독립전쟁을 꿈꾸다

신민회에 참여하다

박상진이 신민회에 가입하였다는 사실은 후손이나 관련 단체의 기록 외에 다른 자료에서는 확인되지 않는다. 물론 이들 자료는 구체적으로 신민회를 칭하고 있지는 않으나, 그가 일찍부터 신민회 인사들과 교류하였음이 확인되고, 또한 여러 정황으로 미루어 볼 때 1910년경부터는 신민회에 가입하여 활동하였을 가능성이 크다. 먼저 그의 아들 경중이 정리한 「고헌박상진선생약력」(1946)의 다음 기록을 살펴보자.

단기 4243년 경술庚戌 팔월에 융희황제 남순南巡 시에 정부 요인 중 친일 괴수를 살해할 계획으로 송병직宋秉稷을 송병준宋秉駿(宋秉畯의 오자)의 수행원으로 만들어 동래온천서 발각되어 성과를 이루지 못하였다. 동년 동 동冬에 대한독립의군부大韓獨立義軍部(신민회의 오류) 간부로 피임되자 미기未幾에 왜적에 비밀이 탄로되어 일부 간부가 왜병의 총탄에 절명되고 사산 망

固軒 朴尙鎭 先生 畧歷

先生의 家閥은 當時 富豪家이요 歷代로 簪纓 名族이요 高宗朝 奎章閣 副提學 朴時奎의 長男으로 伯父 弘文館校理 朴時龍氏의게 出繼하시었이 시다

檀紀四二百十七年 甲申 十二月 初七日에 慶尙南道 蔚山郡 農所面松亭里에서 出生하시었다 六歲時에 私塾에 入學하여 漢文音을 專修하였다

檀紀四二五年 壬寅에 當時 參政議許 蔿旺山先生의 執贄하여서 政治 兵學 等의 薰陶를 受하였다

檀紀四二八年 乙巳 冬에 中國 外交官 潘宗禮氏로 通하여 中國 天津으로 同伴하여서 武器를 購入하였이 約 一年에 서울 養正義塾에 入校하여서 法律經濟 學을 五年間 講究하고 庚戌春에 判事 登用試

檀紀四二九年 丙午 近十年間 數千名의 名志客을 서로는 紳紳의 力으로써 사람이었이 突然 作別 하시
判事의 職을 辭却하시었다

檀紀四二○年 丁未 許 旺山先生의 江華 營兵鎭 어 五萬圓의 資金과 武器를 提供하시었이나 未 江華營이 慘敗되었다

檀紀四三四年 庚戌 八月에 隆熙皇帝 南巡時에 政府 要人 親日魁首를 殺害할 計劃으로 宋秉畯을 東萊 溫泉에 發兵을 東萊驛의 隨行員을 따르라 東萊 溫泉에 發兵을 오며 成果를 이루지 못하였다 因하여 冬에 大韓獨 立義軍部 幹部로 被任되자 未期에 倭敵의게 秘密이 綻露되어 一部 幹部가 倭의 銃彈에 絶命 하고 敢亡하여서 國內에서 解散되어 졌

檀紀四二四四 辛亥 春에 安東縣 新義州 安東

명하여 국내에서 해산되어졌다.

단기 4244년 신해辛亥 춘春에 안동현 신의주 안동여관安東旅館은 독립운동기관 여관으로 설치하고 독립의군부 간부이시던 신단재申丹齋 채호采浩 씨와 양기택梁基澤(梁起鐸의 잘못) 씨가 체류하야 국내외의 연락을 취하여서 선만각대표총회鮮滿各代表總會를 개최코 각각 분담 임무를 정할 시 국내의 책임은 선생이 피선되셨다.

우선 이 자료는 사실 관계를 바로 잡을 부분이 있다. 먼저 융희황제의 남순 관련 내용인데, 1910년 8월이 아니라 1909년 1월의 일이다. 1909년 1월 4일 순종은 국내를 직접 돌아보겠다는 조서를 내리고, 이튿날에는 7일부터 대구·부산·마산을 순행한다는 사실을 밝히고 수행원을 임명하였다. 드디어 1월 7일, 덕수궁에 가서 문안을 드린 순종은 남대문 역을 떠나 남쪽 지방 순행에 나서 대구에서 하루를 묵고 8일 부산에 도착하였다. 이때 일본 왕이 전문을 보내고 부산으로 함대를 파송하였다. 순종은 이튿날 일본의 함대 파견을 경축하고 감사하는 전문을 일본 왕에게 보내고 일본 제2함대를 돌아보고 사령관 데와 시게토出羽重遠를 접견하였다.

이때 부산 시민 4천여 명이 혹시 일본이 순종을 납치할지도 모른다고 여기고, 만일 순종이 납치당하면 모두 죽음으로 항거하기로 결의하고 순종을 보호하는 데 나섰다. 시민들은 순종이 시찰할 군함 주변에서 밤을 새웠고, 순종이 군함으로 들어가자 모두 옷을 벗어 길에 펼치며 길을 막았다. 순종을 호종한 대신들이 나서서 시민들을 만류하였으나, 시민들은 의심을 풀지 않고 목선 50여 척을 준비하여 군함을 포위하고 만일 일본이 순종을 납치해 간다면 모두 바다에 빠져 죽을지언정 그냥 두고 볼 수 없다며 항의하였다. 다시 대신들이 나서 수차례에 걸쳐 그럴 일이 없을 것이라며 설득하자, 시민들은 그제야 포위를 풀었다. 이는 일제의 침략에 대한 시민들의 의구심을 잘 보여준 사건이다. 순종은 10일 일본 제1함대를 둘러보고 마산에서 하루를 묵고 대구를 거쳐 13일 남대문 역에 도착하여 덕수궁에 문안을 드리고 대궐로 돌아왔다.

이 같은 순종의 남순은 일제와 일부 매국적들이 순종을 내세워 한바탕 선전극을 벌이기 위해 계획한 것이었다. 박상진 등 애국 청년들은 이 행차의 간악한 목적을 간파하고 매국적의 대표적 인물의 하나인 송병준을 처단하려는 계획을 세웠다. 그들은 송병준의 동생인 송병직을 포섭하고자 하였다. 송병직이 형과는 달리 국가 관념이 강하여 그를 수행원으로 동행시켰다가 동래온천에서 처치하고자 한 것이나, 성공하지는 못하였다. 순종의 남순 직후, 내부대신 송병준과 총리대신 이완용 사이에 순종의 남순을 둘러싼 논쟁이 있었다. 송병준이 순종의 남순은 자신의 세력을 키우고자 한 이완용의 계략이라며, 순종을 함부로 움직이게 한 이완용의 행동을 대역부도한 일이라고 공격하였다. 이러한 사실은 나라는 망해가고 있었으나, 매국적들은 오직 자신들의 공명에만 관심이 있었음을 보여주는 것이다.

박상진이 동지들과 함께 매국적을 처단하기 위한 의열투쟁을 계획하였다는 것은 그의 민족운동 방략의 전환을 의미하는 중대한 사실이다. 계몽운동 단체에 참여하여 활동하던 그는 그 한계를 절감하고 스승 허위의 순국을 계기로 좀 더 직접적이고 효과적인 투쟁 방략인 의열투쟁을 모색하였던 것으로 보인다.

「고헌박상진선생약력」에서 그가 1910년에 간부로 피임되었다는 대한독립의군부는 신채호와 양기탁을 거명하고 있기 때문에 신민회를 지칭한 것으로 해석된다. 왜냐하면 이 시기는 독립의군부가 조직되기 이전이고, 또한 여기에 등장하는 인물들이 신민회와 관련된 인사들이기 때문이다. 따라서 이 자료는 신민회를 대한독립의군부로 잘못 기록한 것으로 해석함이 타당하다. 이 같은 사실은 「고광복회총사령고헌박상진씨의 약력」(1960)에서 더욱 분명하게 알 수 있다.

4243년 경술 춘에 판사 시험에 합격되어 평양법원 판사로 임명되었으나 즉시 사임하셨다. 동년에 남북만주로 일주하고 귀로에 함경도 강원도 산곡을 역유歷遊하야 동지들을 서울로 중심삼아 회합토록 요약하고 정부 요인 중 친일 괴수를 복멸할 계획으로 순종 황제 남순 시에 …… 동에 왕산 선생의 가인家人급及 동지들이 대한독립의군부를 조직함에 씨는 간부에 피선되었다. 국조國祚가 왜노倭奴에게 그만 멸절되자 씨는 분석憤惜의 심을 금치 못하야 형제제종兄弟諸從을 회합하여 말씀하시기를 실국한 인민이 학교를 졸업한들 하何에 용用하리오. 전 생명을 국가에 바쳐야 된다 하고 가족을 경북 경주 외동면 녹동 구별장에 귀임시키고 신의주에 여관을 설치하야 독립운동 기관으로 정하고 차를 주도할 인人으로 구독립의군부舊獨立義軍府(신민회를 지칭함) 간부 신채호 양기탁 이윤재 김좌진 손일민 제씨를 정하야 국내외 연락을 하도록 하고 국내의 전 책임은 씨가 담당하였다. 만주로 ○○(글자 불명)하야 왕住에 김대락 이상룡 이시영 형제가 신흥학교를 경영함을 보고 대규모의 추진을 계획하였음. 기후其後 지린성 이차구 신흥촌으로 분교함에 각 분교 중 중심교가 됨. 귀국 후 동지들을 소집하야 보부상을 가장하야 만주로 이주移住 입군入軍할 것을 선전하야 대성과를 수收하였다.

이 자료에서 먼저 등장하는 대한독립의군부는 1912년 임병찬을 중심으로 조직되어, 1914년 전국적 조직으로 확대하기 위해 북한 지역에서 활동하던 중 5월 23일 김창식 등이 붙잡히며 조직이 노출된 비밀결사이다.

독립의군부는 1912년 9월 29일(음) 고종의 황칙皇勅과 칙령勅令에 의해 조직되었다. 이듬해 11월 15일 임병찬은 당시의 추세를 면밀히 분석하고 일제에 맞서 투쟁할 방법을 제시하는 '관견管見'을 작성하여 고종에게 상소하였다. 이는 독립의군부의 활동 방향과 투쟁 방략을 고종에게 보고한 것이었다.

독립의군부의 조직은 의병활동을 하였던 인사나 전직 관료, 그리고 그 자제들을 중심으로 비밀리에 진행되었다. 『고등경찰요사』에 의하면, 일제는 여기에 참가한 사람들이 경상북도 출신의 '폭도 수괴'로 '당시 한국 제일의 활동가'라는 말들이 있는 유학자인 허위의 일족·부하 또는 친구 등이 많다'고 파악하였다. 또한 일제는 독립의군부에 상당히 저명한 유학자들이 참가하고 있어 결사의 성격을 국권회복을 도모하기 위한 것이라고 파악하였다. 이들 중 허위와 관련이 있는 인물은 이기상李起

商·이기영李起永·정철화鄭哲和·이은영李殷榮·여영조呂永祚·김창식金昌植 등이다.

　이기상은 충남 청양면 적곡면 출신으로 허위가 1907년 연천에서 의병을 일으키자 비서 역으로 참가하여 활동하였으며, 이기영은 이기상의 동생으로 허위의 사위이다. 이들 형제가 허위와 인연을 맺은 것은 1896년 김산의진의 창의장으로 이기찬이, 군관으로 이기하가 참여한 것과 관련이 깊다. 당시 상주 유생이었던 이기찬은 목천에 거주하는 친척 이기하와 함께 허위를 방문하고 김산의진에 참여하였다. 이들은 종형제 사이였고, 이기하·이기상·이기영은 형제간이었다. 즉, 형제들이 모두 허위 휘하에서 의병으로 활동하였던 것이다. 정철화는 경기도 용인 출신으로 허위의 부하였으며, 이은영은 허위와 함께 13도창의군을 이끈 이인영의 동생이며, 여영조는 김천 출신으로 허위와 함께 김산의진의 참모를 지냈고, 김천 지역에서 태극교太極敎를 창립하여 교주를 지내기도 하였다. 김창식은 이인영 의진의 우군장을 역임하였다. 그런데 허위의 가족은 1912년 허겸을 따라 만주로 떠난 뒤였고, 허위의 장남 허학이 독립의군부에 참여하였다고 전한다.

　박상진이 스승 허위의 아들 등 주변 인물과 의병 출신 인사들이 속한 독립의군부에 참여한 것은 사실로 보인다. 그러나 이 또한 후손의 기록뿐이고 다른 기록에서 확인되지 않기 때문에 상세한 내용을 알 수는 없다.

　앞의 자료에서 '구대한독립의군부'는 서술 내용이나 인물로 보아 신민회를 지칭하는 것이다. 신민회는 1907년 4월 안창호의 발기에 따라 양기탁·전덕기·이동휘·이동녕·이갑·유동열·안창호 등 7인이 창건위원이 되고 김구·노백린·신채호·이상재·조성환 등이 중심이 되어 조직한 비밀결사이다. 신민회의 창건에는 대한매일신보 계열·상동교회 계열·무관출신 계열·미주 공립협회 계열 등이 주축이 되었는데, 1910년경에는 회원이 400~800명에 이르렀다. 이 숫자는 당시 저명한 계몽운동가는 물론, '당시 유지계有志界의 정화精華는 모두 가입'했다는 기록이 있을 만큼 대부분의 계몽운동가들이 망라되었던 것으로 보인다. 물론 신민회의 경상도 지회는 조직되지 않았으나, 중앙에 기반을 두고 활동하고 있던 박상진의 참여는 당연하고 자연스런 일이었을 것이다.

신민회는 국내에서 교육 등 실력양성을 위한 운동을 전개하는 한편, 국외에 무관학교를 설립하고 독립군기지를 개척하여 독립전쟁론을 일으켜 국권을 회복하고자 하였다. 신민회가 독립전쟁론을 처음으로 검토한 것은 창건 직후부터였다. 그리고 이 문제가 본격적으로 논의된 것은 국내에서 의병운동이 퇴조기에 들어서던 1909년 봄이었다. 당시 신민회는 양기탁의 집에서 전국 간부회의를 열고 국외에 적당한 후보지를 선택하여 독립군기지를 만들어 무관학교를 설립하여 독립군 사관을 양성하기로 결의하였다. 이해 10월 26일 발생한 안중근 의사의 이토 히로부미 처단의거는 일대 쾌거였으나, 한편으로는 일제의 한국 침략을 가속화하고 신민회가 탄압받는 계기가 되었다.

이로 말미암아 1910년 3월부터 신민회 간부들의 망명이 시작되었다. 1910년 4월의 이른바 청도회의는 망명한 신민회 간부들이 독립군기지 개척을 위한 구체적 실행책을 논의한 자리였다. 1910년 8월, 국권상실 직후 양기탁은 자신이 직접 독립군 기지 후보지인 간도 일대를 답사하였고, 같은 해 9월과 10월에 무려 7차에 걸쳐 시찰원을 파견하였으며, 11월에 서간도를 독립군 기지 후보로 결정하였다.

박상진이 신민회에 참여한 정확한 시기는 알 수 없으나 그의 신민회 관련 인사들과의 교유관계나, 그의 만주 일대 시찰 여행 사실 등을 감안하면 늦어도 1910년 이전에는 가입한 것으로 짐작된다. 그해 봄, 그는 판사 등용 시험에 합격하여 평양지원으로 발령이 났으나 부임하지 않고 사직하였는데 그것도 신민회 활동과 관련되었을 가능성이 있다. 또한 1909년 10월경 안희제·남형우·서상일 등 교남교육회 출신의 경상도 인사와 김동삼·류인식·이상용·장지연 등 신민회 계열 인사들이 주축이 되어 조직된 대동청년단의 활동과도 관련이 있을 것이다.

박상진의 신민회 참여 사실이 학계에서 논의된 것은 그리 오래된 일이 아니며, 그 논의도 개연성이나 후손의 기록 등을 토대로 하여 추론적 성격의 한계를 지닌 것도 사실이다. 재판자료 등 방대한 신민회 관련 자료에서 박상진이 확인되지 않기 때문에 그의 신민회 참여를 단정하기가 어렵고 구체적인 활동상도 알 수는 없으나, 가능성은 충분한 것으로 생각된다. 그의 신민회 참여를 사실로 전제할 때, 이는 그의 향후 민족운동 방법론 및 투쟁 방향을 가늠케 해 주는 중대한 전기가 된 것으로 이해된다. 즉, 계몽운동을 전개하며 그 한계를 절감한 그가 신민회에 참가하며 보다 직접적이고 효율적인 무장투쟁론의 필요성을 깨닫고 독립전쟁론의 실천에 나서게 되었을 것이다. 물론 그의 계몽주의적 성향과 계몽운동은 후에 그가 광복회를 조직하는 데 큰 도움을 주었던 것도 사실이다. 박상진이 참가하였던 계몽운동 단체인 달성친목회와 조선국권회복단원들이 후일 광복회에 참여한 것은 당시의 교류를 통한 인적기반의 확대로 가능한 결과였다. 요컨대 그의 광복회 조직과 국내외 독립전쟁 기지 구축 구상은 신민회 참여로부터 싹튼 것이라 할 수 있다.

만주로 이주하는 사람들

박상진은 1910년 만주를 여행하고 돌아온 적이 있었다. 자세한 내용은 자료의 결핍으로 알 수 없으나, 귀국한 뒤 그는 서울에 거주하던 가족들을 고향으로 귀향시켰다. 그리고 신민회가 해산한 1911년 초에는 안동현에 양제안, 신의주에는 손일민을 앞세워 각기 안동여관을 설치하여 경영하게 하였다. 이 여관은 만주와 국내를 연결하는 거점 확보와 동지들의 회합과 왕래에 편의를 제공하기 위한 곳이었다.

강제병합 이후, 그는 다시 만주와 상하이·난징 등 관내지역은 물론 연해주 등지를 여행하였다. 상덕태상회의 영업을 가장한 이 여행은 단순한 여행이 아니라 국제정세를 파악함은 물론, 현지 독립운동의 실정을 직접 돌아보고 동지들을 규합하기 위한 기회였다. 당시 그의 국외 여행은 후일 광복회 조직의 커다란 자산이 되었다.

당시 만주, 그 가운데에서도 서간도 유하현 삼원보는 신민회 간부를 비롯한 계몽운동가들이 집단적인 한인 이주로 독립군 기지 개척의 첫 삽을 뜬 역사적인 땅이었다. 1910년 말, 이회영 6형제 50여 명이 압록강을 건너 이곳으로 왔다. 일제의 마수를 벗어난 그들은 1911년 설날

상하 구별 없이 반갑게 만나 설을 쇠고 맹렬한 애국심으로 투쟁할 것을 다짐하였다. 이회영 일가의 망명 전후 상황은 이회영의 부인 이은숙李銀淑의 회상기 『서간도시종기西間島始終記』를 통해 잘 알 수 있다.

1911년 1월 27일, 안동 유림인 이상룡이 '차라리 이 머리도 잘릴지언정 어찌 내 무릎을 꿇어 그들의 종이 될까 보냐'라는 비장한 시를 읊으며 압록강을 건너 삼원보로 합류하였다. 이상룡의 뒤를 이어 경상북도 각 군에서 이주가 이어져 1912년 1월부터 9월 말까지 9개월 동안 1,092명이 서간도로 건너왔다. 이에 조선총독부는 경상북도 사람들의 서간도 이주 통계와 이주 경로, 이주 지역도 등을 작성하며 대책 마련에 부심할 정도였다.

안동 유림들의 만주 망명 계획은 그들의 독자적 판단이 아니라, 신민회의 독립군기지 건설 계획과 관련되어 있었다. 이 계획은 이상룡·김대락·김동삼 등 안동의 동지들과 협의하여 진행되었다. 1910년 말, 이상룡이 문중을 인솔하여 먼저 서간도로 출발하고, 이어 이듬해 1월 김동삼 등 내앞川前 문중들이 뒤를 따랐다. 이상룡·김대락·김동삼·류인식 등 안동 유림들의 만주 망명은 척족 인맥을 중심으로 실행된 점에서 한국독립운동사에서 특이한 사례로 평가된다. 안동 유림들의 서간도 망명과 정착과정 등은 이상룡의 「서사록西徙錄」, 김대락의 『백하일기白下日記』, 이상룡의 손부 허은의 회고록인 『아직도 내 귀엔 서간도 바람소리가』 등에 자세히 기록되어 있다.

이들이 정착한 곳은 서간도 유하현의 삼원보 대고산大孤山 자락이 흘러내린 추가가鄒家街와 그 일대였다. 삼원보는 세 개의 물줄기가 합해진

대고산 자락에서 내려다 본 추가가 전경

다는 데에서 유래한 지명이고, 추가가는 추씨 성을 지닌 사람들이 많이 산다고 하여 붙여진 마을 이름이다. 그곳은 이미 전년도 8월, 이회영과 이동녕 일행이 서간도를 답사할 때 무관학교 설립의 적격지로 점찍어 둔 곳이었다. 고구려의 옛 땅이었다는 역사적 연고 외에도, 대도시로부터 떨어져 있어 일제의 감시를 피할 수 있고, 뜰이 넓어 농사를 짓고 군사훈련을 하기에 적합하며, 대고산이 있어 유사시 피신하기에 좋은 지리적 이점도 감안하였던 것으로 보인다.

안동 유림들이 이회영 등이 미리 자리 잡은 삼원보 추가가로 합류하자, 추가가 일대는 한인촌이나 다름없었다. 그러자 문제가 발생하였다. 추가가의 중국 사람들이 유하현에 모여든 한인들을 의심하여 그들의 동태를 지방 관청에 고발한 것이었다. 즉, 수많은 한인들이 엄청난 재산을 가지고 이곳으로 들어오니 이는 분명히 중국을 공격하러 온 것이라고 하며 한인들을 단속해 달라고 요청한 것이었다. 다행히 이회영이 나서 중국 관리들과 필담 대화를 통해 오해를 풀었으나, 이후에도 추씨들은 한인에게 토지나 가옥을 매매하지 않음은 물론 접촉도 금지하는 등 계속 경계하였다.

서간도 이주 한인들이 독립운동 기지 건설의 첫 삽을 뜬 것은 경학사와 신흥강습소의 설치였다. 경학사와 신흥강습소는 만주 일대에 만들어진 최초의 독립운동 조직이었다. 1911년 음력 4월경, 이회영·이동녕·이상룡 등 300여 명의 한인들이 대고산 아래에 모여 군중대회를 열었다. 이동녕을 임시의장으로 추대한 이 대회에서 한인들은 민단과 자치기관의 성격을 지닌 경학사를 조직할 것, 전통적 도의에 입각한 질서와 풍기를 확립할 것, 모두 농사에 종사하는 개농주의에 입각하여 생계 방도를 세울 것, 학교를 설립하여 주경야독의 신념을 고취할 것, 기성군인과 군관을 재교육하여 기간장교로 삼고 애국청년을 수용하여 국가의 동량 인재를 육성할 것 등 5개항을 의결하였다.

경학사의 설립 목적은 이상룡이 기초한 「경학사 취지서」에 잘 나타나 있다. 여기에서는 유구한 민족사에 대한 자부심을 표방하고, 망국의 책임이 민족 전체에 있다고 지적하였다. 그리고 모두 힘을 길러 독립투쟁에 나설 것을 역설하고 경학사를 중심으로 단결할 것을 호소하였다. 중요한 대목을 간추리면 다음과 같다.

차라리 칼을 빼어 자결하고 싶어도 그러면 내 몸을 죽여 적을 쾌하게 할 염려가 있다. 음식을 끊어 굶어죽고 싶어도 어찌 차마 나라를 팔고 이름을 팔겠는가. 그것은 장차 눈물을 흘리며 하늘이 다하는 치욕을 받지 않겠는가. 대체로 힘을 길러 끝내 결과를 보아야 한다. …… 이곳은 이국의 땅이 아니요, 고구려의 유족이 발해에 모였은즉 여기 있는 사람들 모두가 동포들이 아닌가. …… 언어가 다르다고 하나 그래도 동족들이니 우리를 의심하지 않으며 사정은 다 말하기 어렵고 때로는 동병상련 하지 못하는 바도 있으나 희망을 양식으로 삼으면 음식을 배불리 먹을 것이며, 곤란을 초석으로 삼으면 마침내 집을 건축할 것이다. 이에 남만주 은양보恩養堡에 여러 사람들의 뜨거운 마음을 합하여 하나의 단체를 조직하니 이름을 경학사라 한다. 경耕이라는 것은 다만 인명을 살려 보존하는 것이 아니라 민지를 계발하는 것이기에 경과 공상工商은 비록 다르지만 통틀어서 실업계를 부속으로 하는 것이다. 그리고 체력과 덕력을 겸비케 함으로써 스스로 가르침의 과조科條를 만들게 되는 것이다. 앞길이 너무 멀다고 근심하지 말 것이다. 한걸음이 끝내는 만 리 길을 가게 되는 것이다. 규모가 이제 만들어짐을 슬퍼하지 말 것이니, 삼태기의 흙이 쌓이고 쌓여 태산이 되는 것이다.

경학사의 조직은 다음과 같다.

사장	이상룡
내무부장	이회영
농무부장	장유순

이상룡이 기초한 『경학사취지서』

재무부장　　이동녕
교무부장　　류인식

    경학사는 청년들에게 군사교육을 실시하기 위해 신흥강습소를 설치하였다. 신흥이란 명칭은 신민회의 정신을 계승한다는 의미에서 '신新' 자를 따고, 다시 일어나는 독립투쟁이라는 의미에서 '흥興' 자를 붙여 만든 것이다. 신흥강습소의 초대 교장은 이동녕이 맡았다. 이후 신흥강습소는 합니하로 옮겨 중등과정의 신흥무관학교로 발전하였다. 안동에서 이주해 온 사람 가운데에는 이상룡이나 김동삼과 혈연적 연고가 있는 청년들이 신흥무관학교를 졸업한 뒤 무장투쟁에 나서 봉오동과 청산리 대첩의 주역이 되었다.

    그러나 계속된 흉년과 풍토병은 서간도 망명자의 생명까지 위협하였다. 게다가 중국인들의 배척과 마적들의 습격도 한인들을 괴롭혔다. 당시 서간도의 경제적 사정 또한 매우 열악해 국내의 지원이 무엇보다 시

급했다. 그들은 자금을 마련하기 위해 비밀리에 사람을 입국시키기도 하였으나, 그다지 성과를 거두지 못하였다. 오히려 류인식처럼 자금 마련을 위해 국내로 잠입하였다가 일제에 발각, 붙잡혀 다시 만주로 돌아오지 못하는 사람도 있었다.

그러던 1911년 봄, 박상진이 서간도에 왔다. 그는 서간도를 돌아보며 무장투쟁의 필요성을 다시 확신하고 이들을 지원하고자 결심하였다. 그는 경학사와 신흥강습소를 방문하였을 때 이상룡과 김동삼 등 안동 유림들을 만났다. 이상룡은 김대락의 매제이고 김대락은 그의 스승 허위와 매우 가까운 사이였다. 따라서 박상진은 일찍부터 안동 유림들과 교분이 있었던 것이다. 김동삼과도 신민회나 대동청년당 활동을 통해 일찍부터 알고 있었는데, 그가 '대구권총사건'으로 붙잡혀 옥고를 치른 뒤 국내에 잠입한 김동삼을 만났다는 기록은 두 사람의 관계를 잘 보여준다.

이상룡 등을 만난 박상진은 병농제 실시를 위한 이민사업 추진과 신흥무관학교 운영 등에 대해 상의하였다. 이들은 향후 모든 노력을 이곳으로 집중하기로 결정하였고, 노백린·이갑 등과도 연결되었다. 허은의 회고에는 당시 박상진이 광복단을 발전적으로 해체하고 신흥무관학교의 설립에도 참여하였다고 되어 있으나, 이는 기억의 착오로 여겨진다. 허위가 재종조부인 허은의 입장에서 박상진은 특별한 인물로 여겨졌을 것이다. 따라서 그녀는 회고기에서 박상진이 재종조부의 제자임을 강조하며 몇 차례 거론하였던 것이다. 물론 박상진이 신흥무관학교 건립에 참여하였다는 그녀의 회고는 오류이나, 그만큼 그가 서간도 독립운동 세력들과 밀접한 관련이 있었음을 보여주는 기록이라고 할 수 있다.

서간도를 방문하고 귀국한 박상진은 곧 이들을 지원하기 위한 사업에 착수하였다. 마침 1911년 10월 15일 그의 양부 박시룡의 회갑연은 자연스레 동지들을 만날 수 있는 계기가 되었다. 그는 동지들에게 다음과 같은 내용의 초대장을 보냈다.

엎드려 생각하건대 첫 추위에 모두들 강녕하시고 일가에 복은 두루 미치고 있습니까? 그리운 마음을 감당하기 어렵습니다. 저는 부모를 모시는 일로 각종 모임에 참여하지 못하나 처음 계획하였던 대로 진행한다면 뭐 번거롭겠습니까? 다만 아버님의 회갑일이 이달 보름에 있으니, 널리 초대하지는 못하고 잔치를 크게 하지는 못하지만 존문(尊門)에 한마디 말씀을 드리지 않을 수 없습니다. 막내 동생을 보내어 전달하오니 바라옵건대 모두들 함께 왕림하시어 이 날의 자리를 빛내주시기를 간절히 바라옵니다. 나머지는 마음이 몹시 산란하여 다 갖추지 못하고 올립니다. 살펴주십시오.

신해(1911) 10월 13일.
박상진이 머리 숙여 절합니다.

그는 막내 동생을 직접 보내 동지들에게 초대장을 전달하였다. 박상진은 고향집에서 회갑연에 참여한 사람들에게 큰 잔치를 베풀고 따로 자리를 만들어 동지들과 회합하였다. 그는 그 자리에서 만주로 건너간 동포들의 실정은 물론 신흥무관학교의 독립군 양성 실상도 빠짐없이 전

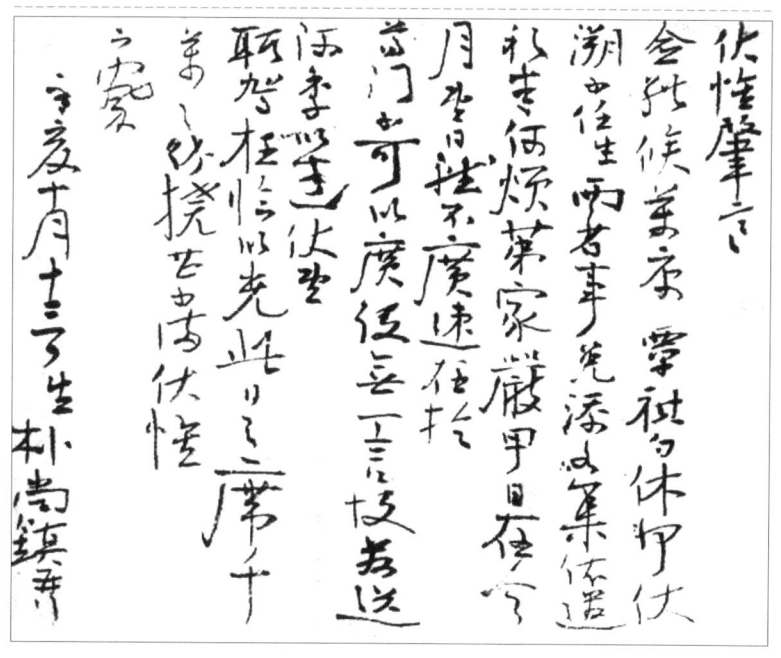

박상진이 동지들에게 보낸 부친 회갑연 초대장

하였다.

　박상진은 동지들과 '이민양병移民養兵' 즉, 국내의 동포들을 만주로 이민시켜 독립군 사관 양성을 하고 있는 신흥무관학교를 지원하고자 하였다. 이주민들에게는 군사훈련을 받게 한 다음 농지를 개간하도록 하여 평시에는 농사를 지으며 생활하다가 유사시에는 독립군으로 편성하고자 한 것이다. 그러기 위해서는 부호들의 만주 이주가 효과적이라고 여겼다. 이들의 재산으로 만주에 토지를 구입하여 이주민들에게 영농을 하도록 하고 그 수익금의 일부를 기부 받는다면 안정적인 군자금 조달이 가능하다고 여겼다. 박상진은 국내 동포들의 만주 이민을 유도하기 위한 방법으로 신문을 활용하였다. 그는 신문사에 있는 지인을 통해 만주 지역이 사업하기가 유리하다는 사실을 누차 보도하여 관심을 끌고자 하였다.

또한 박상진은 동지들을 보부상으로 가장하여 남북만주가 살기 좋은 곳이라고 선전하는 유세대遊說隊를 편성하였다. 유세대는 진짜 보부상처럼 필묵과 담뱃대, 웅담 등 인기 있는 중국 상품을 가지고 다니며 만주 이민을 유도하여 커다란 성과를 거뒀다. 유세대의 활동 직후인 1912년 1월부터 9월까지 그의 고향 경주에서만도 983명을 비롯하여 인근의 영천·청도·경산·하양 등지에서 다수의 사람들이 만주로 이주하였다.

유세대는 하늘을 존경하는 경천敬天의 뜻으로 우주의 일월성신풍우日月星辰風雨와 같은 자연현상에 경천어를 사용하게 하여 동지들끼리 서로 알아보도록 하였다. 그리하여 사물에까지 특별한 존댓말을 사용하였다고 한다. 동지는 수천 명에 달하였으며, 경천어동지회敬天語同志會 또는 경천어주의자敬天語主義者라고 불렸는데, '이들은 비가 오신다', '바람이 부신다', '구름이 흐리신다' 등의 경천어를 사용하였다. 이들에게는 회칙도 없고 회집 장소도 없었으나, 박상진이 '박선생'으로 불리며 중심적 역할을 하였다.

그런데 「박경중비망록」(1949)에는 '의병의 후신이 의군부이고, 의군부의 후신이 경천어동지회이며, 그 후신이 광복회'라고 쓰여 있다. 여기에서의 의군부는 신민회를 지칭한다. 즉 무장독립운동의 맥락이 의병 - 신민회 - 경천어동지회 - 광복회로 연계된다는 말이다. 그러나 경천어동지회라는 조직은 유일하게 이 자료에만 등장하기 때문에 역사적 사실로 확증하기는 곤란하다.

1911년 말, 박상진은 다시 중국으로 건너가 상하이와 난징 등을 여행하였다. 그는 신해혁명의 중심지를 직접 돌아보며 비밀·폭동·암살·명령 등의 방략을 통해 독립운동을 달성하고자 결심하였다. 신해혁명을 혁명적 독립운동의 모델로 삼고자 하였던 것이다.

쑨원

1913년 그는 다시 상하이와 난징을 방문하였는데, 이때 난징에서 쑨원을 만났다. 그는 쑨원에게 일제의 한국 침략을 낱낱이 설명하고, 독립을 쟁취하기 위한 수단으로서 사관을 양성해야 한다는 사실을 여러 차례 호소하였다. 결국 그는 쑨원의 각별한 뜻으로 중국 군관학교 내에 한국인 훈련을 위한 특별부의 설치를 승낙 받았다. 그러나 쑨원이 군사기지 사용에 대한 협조를 신흥무관학교가 있던 동삼성 지방의 동북 군벌 책임자에게 미뤄 별 소득이 없었다. 당시 쑨원은 박상진에게 자신이 소지하고 있던 최신 미제 권총 한 자루를 기념으로 주었는데, 그 권총은 그가 1918년 체포될 때 압수당하였다고 한다.

한편 박상진은 동북지방에서의 독립운동을 위해 10여 회에 걸쳐 장쭤린을 방문하였다고 한다. 장쭤린은 랴오닝성遼寧省 출생으로 농민의 아들로서 청일전쟁에 참가하였으며, 이후 고향에서 자위부대를 조직하여 활동하였다. 그를 마적단 출신이라고 말하는 것은 이때의 활동을 두고 말하는 것이다. 그의 부대는 1905년 펑톈성奉天省의 정규군으로 편입

장쒀린

되었고, 신해혁명 후에는 펑톈에서 혁명당을 진압한 공로로 위안스카이로부터 육군 27사 사장師長에 임명되었다. 당시 그의 군대는 동북의 정치 중심지인 펑톈에 주둔하고 있었을 뿐만 아니라 강한 무력을 소유하고 있었다. 그는 이를 기반으로 일제와 관계를 맺는 한편 위안스카이와도 연계하며 세력의 확대를 꾀하였다. 이어 1916년에는 펑톈장군에 임명되어 펑톈의 군무를 책임다가 펑톈독군督軍 겸 성장省長이 되어 군권과 정치권력을 모두 장악하였다. 드디어 1918년에는 베이징 정부로부터 만주의 3개 성을 총괄하는 동삼성순열사東三省巡閱使에 임명됨으로써 펑톈파 군벌이 전체 동북지방의 패권을 차지하기에 이른 것이다.

동북지방에서 한민족이 독립운동을 하기 위해서는 장쒀린과의 연계와 그의 협조가 절대적으로 필요하였다. 그래서 박상진은 만주를 방문할 때마다 장쒀린의 의사를 살피고자 빠짐없이 그를 방문하였다고 한다. 그러나 장쒀린을 만나 본 그는 장쒀린이 한국독립운동에 대해 묵인하는 정도의 소극적 태도를 보이고, 우리를 동정하는 마음은 적다고 판단하였다.

박상진의 만주 여행에서 또 하나 주목하여야 할 사실은 후일 광복회를 조직하는 인적 밑바탕을 다졌다는 점이다. 당시 그가 동지로 결속한 대표적 인물은 양제안과 이관구였다. 1913년의 만주 여행 때 그는 양제안을 다시 만났다. 스승인 허위와의 사승관계가 작용한 것이다. 후일 광복회에 산남의진에 참여하였던 인물들이 참가하는 데는 양제안이 큰 역할을 하였다.

박상진은 1892년 허위가 진보에 머물 때 양제안을 만났다. 양제안은 김산의진 참여 이후에도 홍주의병·산남의진에서 활동했으며, 이때 인연을 맺은 인물들을 광복회에 참여시켰다. 박상진은 허위의 제자였으므로 양제안과 쉽게 동지가 될 수 있었다. 양제안은 산남의진의 동지였던 우재룡과 풍기광복단의 채기중을 박상진에게 소개했다. 당시

채기중

양제안은 풍기광복단에서 활동하고 있었다. 양제안으로부터 소개를 받고 박상진은 직접 풍기로 채기중을 찾아갔다. 박상진과 채기중은 모두 의병적 성향이 있던 인물이었다. 박상진과 채기중은 이때 광복회 설립에 대한 논의를 했고, 채기중의 참여는 풍기광복단원들의 광복회 참여로 이어졌다고 여겨진다. 양한위가 정리한 「양벽도공제안실기梁碧濤公濟安實記」에는 박상진이 채기중을 방문하는 내용이 적혀 있다.

공公은 만주에 이름이 널리 전파되어 있었는데, 하루는 젊은 소년이 찾아와서 울면서 "국사를 복권할 계책이 장차 어찌하면 나올 수 있겠습니까. 선생의 고명함으로써 장래를 선도함이 어떻겠습니까" 하고 고하였다. 공은 "풍기에 채기중이라는 사람이 있는데 진실로 의사이며, 또 영웅이다. 바야흐로 현사를 불러 모으고 있으니 그대는 마땅히 가서 참여하라"고 말하였다. 고로 이복우李福雨·박상진이 만주에서 풍기에 와서 공의 차자

우재룡

次子 한위漢緯를 방문하여 채기중과 함께 만나 큰일을 하기로 하고 광복회光復會를 조직하였다.

한편 양제안은 우재룡과 산남의진에 참여했고, 정환직 의병장이 전사한 이후에도 대구 동화사에서 유격전을 함께 했다. 이러한 인연으로 양제안은 박상진을 우재룡에게 소개했다. 그러나 우재룡은 산남의진 실패에 대한 자책으로 인해 새롭게 독립운동에 참여하는 것을 꺼리고 있었다. 당시 우재룡은 산남의진 이후 '패군지졸敗軍之卒'로서 여생을 마치겠다고 결심하고 동지들의 방문에 응하지 않고 있었다. 그러나 우재룡은 자신을 찾아온 박상진으로부터 독립운동 방략을 듣고 함께 활동하기로 결심하였다. 박상진과 우재룡이 만나 의기투합하는 과정은 「고헌실기약초」에 기록이 나온다.

우재룡禹在龍 한 분을 논할지라도 영천군 정용기씨鄭用基氏(鄭鏞基) 재차 창의 시에 결의結義를 하고 종군하여 일본병과 누촉累觸하다가 패전됨에 검거를 당하야 종신유형을 받았다가 한일합병韓日合倂의 시에 출옥하야 심산深山에 은거隱居한 것을 씨(박상진朴尙鎭)가 양벽도梁碧度(양제안梁濟安) 유명한 인물을 사용하여 권유 출산케 하다가 씨 친히 방문하야 경론을 토론하고 간담肝膽이 상조相照함으로 우右 회會에 요인要人으로 종사從事하여서 많은 노력을 하였지만 … .

이 기록을 보면 박상진과 우재룡의 만남에서 양제안의 역할이 적지 않았음을 알 수 있고 우재룡의 회고에서도 분명히 확인할 수 있다. 또한 '경론을 토론하고 간담이 상조'했다는 내용으로 보아 박상진이 우재룡을 독립운동에 참여하도록 설득했음을 알 수 있다. 박상진이 우재룡을 설득하는 과정에서도 이들의 의병적 성향이 큰 요인으로 작용했을 것이다.

이관구

박상진과 황해도 지부장 이관구의 만남도 허위와의 관계 덕분이었다. 이관구가 1914년 해주에서 이학희李鶴熙 등과 대일항쟁을 위한 계획을 실행하던 중 발각되어 만주로 건너갔기 때문에 박상진은 1914년 말에서 1915년 초에 이관구를 만났을 것이다.

박상진과 이관구의 만남은 부민단 단장이었던 허혁許赫에 의해서 이루어진 것으로 알려져 있다. 허혁은 허위의 셋째 형으로 허위의 막하로 의병에 참여한 후 국외에서 독립운동을 전개하고 있었다. 그는 국외 망명길에 이관구를 찾아와 가족은 서간도에 머물게 하고 경상도에서 중국에 이주할 유력인사와 서로 연락을 취하여 백방으로 독립운동을 했다고 한다. 이러한 내용을 보면 허혁은 박상진과 이관구의 만남을 주선하기 이전부터 이관구와 상당한 친분이 있었다고 볼 수 있다.

여관과 상회를 거점으로

박상진은 만주 방문 무렵 안동여관과 상덕태상회를 설립하였다. 만주의 독립운동을 지원하기 위한 자금을 마련하기 위해서였다. 1910년 만주를 다녀온 박상진은 1911년 봄, 안동현에는 양제안을, 신의주에는 손일민을 앞세워 각기 안동여관을 설치하였다. 이와 관련된 기록은 다음과 같다.

> 단기 4244년 신해辛亥 춘春에 안동현 신의주 안동여관은 독립운동 기관 여관으로 설치하고 독립의군부 간부이시던 신단재申丹齋(채호采浩)씨와 양기택梁基澤(鐸의 잘못)씨가 체류하여 국내외의 연락을 취하여서 선만鮮滿 각 대표 총회를 개최하고 각각 분담 임무를 정할 시 국내의 책임은 선생이 피선되었다.

안동여관은 국내외 독립운동의 연락기관으로 단동丹東에 설치한 것이었다. 이 기록에 의하면 안동여관에 신채호와 양기탁이 체류하며 국내외 연락을 취하였음을 알 수 있다. 그런데 동지들이 임무를 분담할 때 박상진이 국내 연락을 맡게 되었다는 것은 그의 활동으로 미뤄볼 때 사실일 것이다.

안동여관의 설치와 관련된 사실은 우재룡의 『백산실기白山實記』에서도 확인할 수 있다. "안동현 신시가에 삼달양행三達洋行 이해량李海量 문모文某가 주관하고 구시가는 손일민이 안동여관을 경영하면서 각 연락

해외 거점의 동지인 신채호, 양기탁, 손일민(왼쪽부터)

하고 … "라는 부분을 통해 그 사실을 확인할 수 있다. 한편 허은의 수기 『아직도 내 귀엔 서간도 바람소리가』에도 허혁이 1915년 3월 일가족을 데리고 만주로 망명할 때 신의주에서 손일민이 경영하는 여관에 숙박하며 손일민과 박상진의 도움을 받았다는 기록이 나온다. 그러므로 안동여관은 단둥시에 설치되어 있었고, 이곳의 책임자였던 손일민은 신의주에도 안동여관을 설치하여 운영하고 있었음을 알 수 있다. 곧 안동여관은 양기탁, 신채호, 허은 등의 사례에서 밝혀진 바와 같이 만주를 왕래하는 독립운동가들에게 많은 도움을 주었던 거점이었다.

안동여관은 이후 광복회가 조직되어 활동할 때에는 더욱 중요한 만주 거점으로 활용되었다. 광복회는 안동현에서 국내의 부호들에게 자금 모금을 요청하는 통고문을 제작, 발송하였다. 또한 이관구와 박상진이 조선 총독 처단을 논의하기 위한 모임 장소가 안동현이었는데, 그때에도 안동여관이 독립운동가들의 모임과 회의 장소로 이용되었다.

여관이 만주와 국내를 연결하는 역할을 하였다면, 상점과 상회는 실질적으로 독립운동 자금을 만들어 만주에서 독립군 양성을 지원하고자 한 것이었다. 박상진은 1912년 대구 본정(현재의 서문로 1, 2가)에서 자본금 24만 원의 곡물무역상 상덕태상회尙德泰商會를 설립하였다. 그가 상회의 소재지로 대구를 선택한 것은 그가 이때를 전후하여 대구에서 주로 활동했음을 알려준다. 또한 업종을 곡물무역업으로 선택한 것은 곡물의 취급이 일제의 규제를 덜 받을 수 있었고, 무역업이란 방식을 통해 독립운동을 위한 해외 출입과 송금과정에서 일제의 감시를 누그러뜨릴 수 있었기 때문으로 여겨진다.

상덕태상회의 설립 과정에 대한 기록을 보자.

1910년(1912년의 착오)에 자기 소유재 부동산을 일본 미쓰이물산회사三井物産會社에 십년 연부年附로 전당하고 현금 팔만 원을 출자하여 평양 동지 김덕기金德基와 전주인 오혁태吳赫泰를 합자하여 이십사만 원의 거액을 경북 대구에서 상덕태본점이란 상점을 설립하여 비밀리에 조선 독립사상에 동지자를 구하는 장소를 정하여서 사오년간에 많은 동지를 연결하였다.

이에 의하면 박상진은 평양 동지 김덕기, 전주사람 오혁태와 합자하여 24만원의 거액을 자본금으로 하여 상덕태상회를 설립하였음을 알 수 있다. 상덕태상회란 이름은 당시 유행하던 중국식 ○덕태德泰라는 상호 명을 딴 것이다. 신백우申伯雨가 성덕태誠德泰를 상호 명으로 사용하였듯이 박상진도 이 이름을 사용했던 것이다. 한편 상덕태라는 상회 이름은 설립 자금 출자자인 박상진의 '상', 김덕기의 '덕', 오혁태의 '태'를 한자 씩 따서 만든 것이라고도 한다.

해외의 안동현 신시가지에 설치하였다는 삼달양행도 연락기관 역할을 수행하였다. 삼달양행은 1916년 이관구가 자본금 5천 원으로 설치한 곡물상이었다. 책임자로 기록된 이해량은 곧 이관구이고 이관구 외에 정순영鄭淳榮·문기성文基成 등이 책임자로 거론되기도 하나, 공통되게 책임자로 언급된 인물은 이관구였다. 문기성은 앞의 우재룡 기록에 나오는 문모로, 문응극을 가리킨다. 정순영은 대구권총사건 이후 만주로 도피하여 이관구가 설립한 삼달양행의 책임을 맡았던 것으로 보인다. 양행(서양식 상점)을 표방한 거점은 창춘에 설립한 상원양행에서도 확인된다. 상원양행 역시 이관구 등이 설립한 곡물상으로 삼달양행 보다 3개월 전에 설치되었다.

이처럼 박상진은 자신이 직접 회사를 차려 운영하기도 하였으며, 동지들에게도 곳곳에 상회나 상점을 차려 자금을 마련하도록 하였다. 다음의 기록을 보자.

각지 상회를 기창起創케 하고 부호를 망라하여 재원을 발용發用키로 하였는데, 양산인梁山人 윤현태尹顯泰를 권유하여 갑인상회甲寅商會와 이춘상회離春商會를 설립케 하고, 안희제를 권유하여 백산상회白山商會를 설립케 하고 평양인 이인실李仁實을 권유하여 평북상회平北商會를 설립케 하고, 충주인 김성환金聖桓을 권유하여 충주상회忠州商會를 창립시켜서 암암히 부호들의 재력을 인용하였다.

이 기록에 등장하는 이인실과 김성환은 다른 자료에 나타나지 않기 때문에 재력이나 활동사항을 더 이상 확인할 수 없다. 그러나 윤현태는 임시정부의 재무위원장으로서 재정을 총괄하였던 윤현진尹顯振의 형이었다. 윤현진이 망명하여 임시정부에서 활약할 수 있었던 배경에는 국내에서 안희제와의 활동에 힘입은 바 크다. 그는 임시정부가 재정적으로 압박을 받고 있을 때 백산상회 자금을 임시정부에 투입함으로써 자금 압박을 완화시켰다.

상덕태상회 설립 이후 박상진은 1914년 3월경, 이와는 별도로 5천 원을 투자하여 대구에 포목무역상을 열었다. 당시는 바야흐로 제1차 세계대전이 발발하여 일본이 독일에 선전포고를 하며 군수산업이 호황을 맞던 때였다. 그러나 같은 해 9월 생사生絲 가격의 폭락으로 그는 포목무역상을 6개월 만에 정리하고 말았다. 그 와중에도 상덕태상회는 여전히 건재하였다. 상덕태상회가 언제까지 존재하였는지 정확한 시기는 알 수 없으나, 1915년 2월 18일 미쓰이물산주식회사 부산출장소가 상덕태상회로 보낸 청구서를 통해 적어도 이 시기까지 영업을 하였음을 알 수 있다. 그런데 그가 왜 동시에 대구에 두 개의 영업장을 개설하였는지 의문이 든다. 포목무역상을 상덕태상회와 동일시하려는 견해가 있으나, 이는 사실과 다르다. 또한 이시영의 사례를 들어 포목무역상의 파산을 군자금 마련을 위한 고의적 파산으로 적극적이고 긍정적으로 해석하려는 견해도 있으나, 추론 이상은 아니다. 그런데 포목상 파산의 뒤처리를

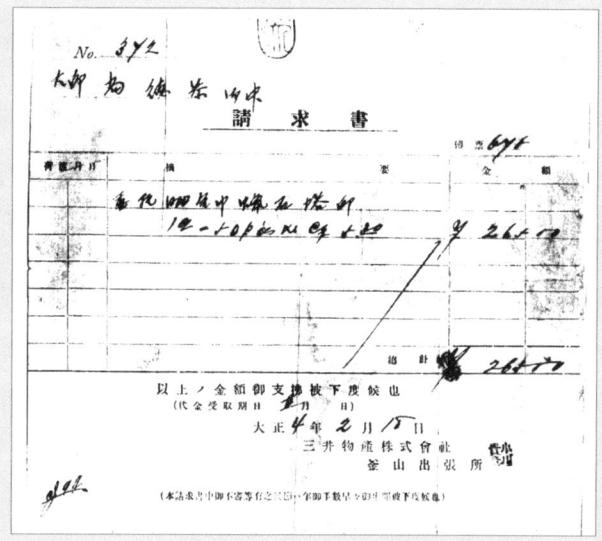

미쓰이물산주식회사 부산출장소에서 상덕태상회로 보낸 청구서(1915)

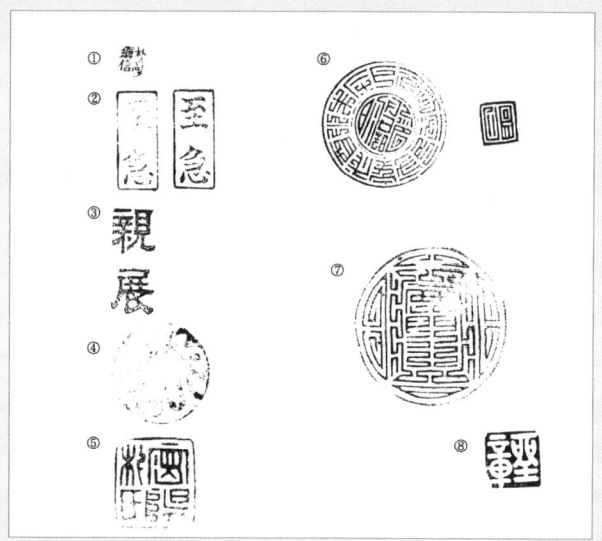

박상진이 회사를 운영하며 사용한 각종 인장
① 박상진신(朴尙鎭信), ② 지급(至急), ③ 친전(親展), ④ 함(緘),
⑤ 밀양박씨(密陽朴氏), ⑥ 둘레 12지(十二支), 가운데 월일성(月日星): 착탈식
으로 분리 가능. 뒷면은 명(明), ⑦ 녹(鹿), ⑧ 견장(堅章)

맡았던 최준과 송사 문제가 불거져 박상진의 재산은 거의 거덜 나고 말 았다.

　박상진이 국내외의 요처에 연락과 활동 거점으로 기관을 설치하려 한 것은 광복회 결성 이후 더욱 본격화 되었다. 이는 광복회 투쟁 강령에도 반영이 되었다. 즉, 투쟁 강령 제5조에는 대구에 본점을 둔 상덕태상회의 지점을 국내·만주·베이징·상하이 등 요처에 두고, 여관이나 광무소鑛務所를 두어 군사행동을 위한 집회, 왕래 등 일체의 연락기관으로 한다는 규정이 있다. 곧 여관과 상회는 박상진이 추구한 독립운동의 주요 연락 기관이자 거점이었던 것이다.

통합 비밀결사 광복회 총사령으로 07

1910년대의 비밀결사 투쟁

1910년 대한제국은 일제의 침략에 의해 멸망하였다. 그로 인해 사회진화론의 효용과 논리는 갈림길에 놓였다. 국권회복을 추구하던 세력들에게 사회진화론은 대한제국 수호의 논리였다. 그러나 대한제국이 멸망하자 진화론의 균열현상이 나타났다. 한 부류는 대한제국을 포기하고 식민지 지배세력을 새로운 주체로 받아들였다. 이들은 강해지는 법을 모르면 약자로 사는 법을 배워야 하고, 약소민족이 강성한 민족과 함께 살아야 한다면 약자가 취할 수 있는 최선의 방책은 강자의 호감을 사는 것뿐이라고 믿었다. 심지어 윤치호는 '물 수 없다면 짖지도 말라'고 하였다. 독립운동은 불가한 것이니 아예 포기하라는 것이다. 그들에게 1910년대는 사회진화론을 포기하거나 자가 수정하는 비판과 조정의 시기였다.

일제의 무단통치는 제국주의 역사에서 유례를 찾을 수 없는 가혹한 식민지 지배방식이었다. 조선 총독은 내각의 감독을 받지 않고 일왕에 직예直隸하며 입법·사법·행정 및 군 통솔권까지 가졌다. 게다가 헌병대 사령관이 책임자로 있는 경찰까지 직할하였으니, 조선 총독은 일본의 여타 식민지의 지배방식과는 구별되는 독특한 존재였다. 초법적 총독의 무단통치 하에서 독립운동은 크게 위축되어 암흑기를 맞았다.

그러나 1910년대는 다양한 사상적 모색기이자 독립운동의 준비기였다. 이 시기를 주도해 나간 세력은 진화의 주체를 국가가 아닌 민족으로 생각한 민족주의자들이었다. 그 가운데 일부는 자정과 순국으로 식민지 민족이 되는 걸 거부하였다. 또한 국외로 망명하여 후일을 도모하는 세력도 있었다. 그들은 독립운동선상에서 이탈한 부류들이 '일강족一强族의 약자弱者'가 된 것으로 만족하며 '신성神聖한 약자弱者'가 되자는 요구를 거부하였다.

1910년대 일제의 한국 침략과 식민지 지배의 특징은 조선을 대륙 침략의 군사적·경제적 요구에 부응하는 식민지 경제로 개편하기 위해 무력과 폭력을 동원하여 여러 가지 정책을 강요하였고, 이를 문명화사업으로 포장하여 선전하였다는 점이다. 이 같은 상황에서 독립운동은 난관에 부딪쳤다. 의병 항쟁이 3·1운동 때까지 지속되었으나, 무단통치에 맞서기는 너무 무력하였다. 계몽운동 또한 식민지화에 따라 그 추동력을 거의 잃어 버렸다. 국권회복운동의 실패에 따라 새로운 형태의 독립운동이 요구되었고, 미주 동포사회와 일본 유학생을 중심으로 독립운동 준비론이 제기되었다. 준비론은 당장 독립운동에 나설 수 없는 상황에서 불가피한 차선의 논리였다.

그때 국외 독립군기지 설치운동과 관련해 그를 뒷받침하려는 비밀결사들이 생겨나기 시작하였다. 이는 1910년대 국내 독립운동의 가장 특징적 현상으로 평가된다. 일제는 비밀결사의 조직을 우려하였다. 강제병합 직전인 1910년 7월 11일, 헌병경찰의 우두머리인 아카시 겐지로明石元二郎가 헌병대사령부에서 각 도 헌병대장에게 행한 훈시에서 비밀결사의 발생을 우려하고 이를 위험하게 여긴 것은 일제의 시각을 대변해 준다.

1910년대의 독립전쟁론은 의병전쟁에 원류를 두고 있었고, 실력양성론은 계몽운동론에서 비롯된 것이다. 따라서 1910년대의 독립운동론은 한말 국권회복운동의 실패를 교훈삼아 반성하고 발전시킨 것으로, 3·1운동을 폭발시키고 1920년대 이후의 투쟁을 예비하는 것이었다. 이를 주도한 것은 의병과 계몽운동의 투쟁정신과 방법을 계승한 비밀결사였다.

1910년대의 독립운동에서 먼저 평가하여야 할 것은 의병항쟁이 3·1운동 때까지 지속되었다는 점이다. 이는 의병에서 3·1운동으로 옮겨가는 한국독립운동사의 내재적 발전과 전개양상을 보여준다. 잔여 의병 활동과는 별도로 망국 후 유림과 의병 출신자들을 중심으로 의병 조직을 재정비하려는 움직임이 일어났다. 그 대표적 비밀결사가 독립의군부·풍기광복단·광복회·민단조합 등이며, 이밖에도 선명당·이증연 등의 비밀결사·흠치교 비밀결사 등이 있다. 이들은 대개 유림이 중심이 되었기 때문에 복벽주의적 성향이 짙었다. 그러나 이들은 척사적 사고 범주에만 고착되지 않고 사상적 소통과 포용성을 지니며 독립을 추구하였다. 계몽운동 계열에서 조직한 비밀결사로는 대동청년단·달성친목회·조선국권회복단·조선국민회가 있으며, 이밖에 배달모음·흰얼모·송죽회·기성볼단·조선산직장려계·단천자립단 등이 있다. 한편 천도교 계열에서는 민족문화수호운동본부와 천도구국단을 조직하여 독립운동을 모색하였다.

3·1운동기에는 만세시위를 방략으로 하는 비밀결사가 등장하여 대중화를 주도하였다. 이들 가운데에는 명의만 내세운 비밀결사들도 있었으나 학생이 주체가 된 경성독립비밀단京城獨立秘密團·조선독립개성회朝鮮獨立開城會·혜성단彗星團, 천도교도가 조직한 조선독립단 이원지단, 기독교도가 조직한 조선독립고흥단의 활동이 돋보인다. 연기청년회燕岐青年會는 기존의 청년회 조직을 활용하였으며, 도란사桃蘭社와 혈성단血誠團은 향촌 조직이 비밀결사로 바뀐 사례이다. 이들은 3·1운동의 교훈을 반성적으로 반추하며 점차 의열이나 무장투쟁으로 방향을 바꾸었고, 보다 민중적 성향을 보다 강하게 띠게 되었다. 천마산대와 보합단은 3·1운동 직후 서간도로 이동하여 독립군단 통합운동에 참여한 대표적 사례이다.

한국독립운동사에서 1910년대의 비밀결사 투쟁이 지니는 몇 가지 의의를 정리해 보자.

첫째, 일제의 무단통치라는 극도의 제한된 조건을 극복하고 조직되어 투쟁하였다는 점에서 일제 식민지 지배는 처음부터 실패한 것임을 입증하는 증거가 되었다는 점이다. 비밀결사들이 끊임없이 조직되어 투쟁하고, 끝내 3·1운동을 성취해 낸 것은 헌병경찰의 폭압적 공포정치와, 문명화론과 동화정책을 가장하여 내세운 유화정책이 모두 실패했다는 것을 의미한다. 무단통치의 상징적 인물로서 독립운동 탄압의 경험이 있는 아카시가 비밀결사의 발생을 가장 우려하며 두려워했던 까닭을 알 수 있다.

둘째, 한말 국권회복운동을 계승하고 3·1운동 이후 독립운동을 선도하고 있어 한국독립운동의 내재적 발전과 전개 양상을 잘 보여주고 있다는 사실이다. 국내에서 의병투쟁은 3·1운동 때까지 계속되었고, 한말 국권회복운동을 주도하던 양대 계열은 1910년대의 상황에 맞게 변용되며 시대적 소임을 다하고자 하였다. 비록 일제의 탄압으로 비밀결사가 오랜 기간 존재하지는 못하였으나, 구성원들은 해산 직후 곧 새로운 비밀결사를 조직하든가 다른 비밀결사로 합류하며 투쟁을 지속해 나갔다. 예천의 참봉 출신 조용필이 이강년의진·풍기광복단·광복회·민단조합에 잇달아 참여한 것이 대표적인 사례이다.

셋째, 독립운동 이념이 발전적 양상을 보인다는 점이다. 한말에 대립하던 양대 계열은 1910년대에도 별개의 조직으로 존재했다. 독립의군부나 민단조합, 흠치교 비밀결사처럼 여전히 고종의 밀지나 칙서가 효용을 보이기도 하였다. 고종 망명 계획에서 알 수 있듯이 당시 민족운동에서 고종의 상징성을 보여주는 것이다. 그러나 의병 조직인 독립의군부가 천도교에 연대를 타진한 것은 주목할 만한 변화이다. 그리고 계몽운동 계열의 비밀결사들이 대부분 무장투쟁 노선을 스스럼없이 채택하고 있는 것도 더 이상 이념이 독립운동의 장애가 되지 않음을 보여준다. 1910년대 의병 계열과 계몽주의 계열의 비밀결사는 이념을 공유하며 점차 통합을 추구하였다. 이는 이념의 확장성과 포용성을 의미한다. 또한 독립운동 이념의 발전적 양상으로서, 3·1운동 이후 민주공화정으로 정립되어 가는 과도적 양상으로 이해된다.

넷째, 독립운동 방략이 변화를 보이고 있다는 점이다. 한말 의병과 계몽운동 계열은 상호간에 무력 충돌을 빚을 만큼 상대의 방략을 부정하였다. 1910년대 의병 계열의 비밀결사가 무장투쟁 노선을 견지하며 독립군적 변화를 추구한 것은 당연하다. 계몽운동 계열 가운데에는 조선산직장려계나 단천자립단처럼 단순히 경제 자립이나 실업 장려만 목표로 하여 계몽운동에만 머문 경우도 있다. 그러나 계몽운동 계열의 비밀결사 대부분은 계몽운동의 기조는 유지하되, 군자금을 모금하거나 만주 독립운동 세력과 연계를 꾀하며 무장투쟁을 추구하고 있다. 또한 의열투쟁을 목표로 내세워 1920년대 암살단이나 의열단으로 추이되는 양상도 보인다. 3·1운동기에만 존재하며 만세시위를 방략으로 삼았던 비밀결사의 존재도 특이한데, 이는 방략의 현실적 변화로 이해된다.

다섯째, 특정 지역을 공간적 무대로 하되, 전국적 조직은 물론 국외까지 외연을 확대하고자 하였다는 점이다. 풍기광복단이나 민단조합은 풍기와 문경, 달성친목회·조선국권회복단·광복회는 대구, 조선국민회·송죽회·기성볼단은 평양을 무대로 조직되었다. 그런데 이들 대부분은 전국 조직을 시도하였고, 일정한 성과도 거뒀다. 이들은 국내뿐만 아니라 국외 독립운동 세력과도 연계하여 조직을 확장하고자 하였다. 독립의군부와 광복회는 물론 대동청년단과 조선국권회복단, 조선국민회 등 계열을 불문하고 국외 독립운동 세력과의 연대 및 조직 확장을 꾀하였다. 이들은 만주뿐만 아니라 미주 동포사회도 주목하였다. 조선국민회가 박용만의 하와이 대조선국민군단과의 연계 하에 조직되어 활동하였고, 기성볼단 회원들이 네브래스카 무관학교 입학을 목표로 하였던 점도 특기할 만하다.

여섯째, 독립운동 주체 세력의 확대와 변화상을 반영하고 있다는 점이다. 한말의 국권회복운동은 척사 유림의 의병과 선각적 지식인들에 의해 주도되었다. 그런데 1910년대에 들어와서는 이들 뿐만 아니라, 신교육을 이수한 학생과 청년, 여성, 종교인의 참여가 두드러진다. 학생층이 중심이 된 조직으로 조선국민회·기성볼단·조선산직장려계 등이 있는데, 이는 3·1운동기에는 경성독립비밀단·조선독립기성회·혜성단으로 이어졌다. 기독교도를 중심한 비밀결사로는 단천자립단과 조선독립고흥단이 있었다. 종교계의 비밀결사로는 천도교도를 중심으로 조직된 민족문화수호운동본부와 천도구국단이 있다. 이는 종교계가 1910년대에 들어와서 민족적 과오를 반성하고 조국의 식민지 현실을 자각하며 3·1운동을 추진해 가는 과정으로 이해된다. 그런데 이미 1910년대 초반에 천도교를 중심으로 기독교와 불교계가 연대를 시도했다는 사실은 3·1운동 전사로서 중요한 의의를 지닌다. 또한 여성으로만 구성된 송죽회의 존재도 독립운동 참여 세력의 확대와 변화를 보여준다.

일곱째, 독립운동이 국제정세의 변동에 민감히 대응하며 전개되었다는 사실이다. 이는 독립운동 세력의 고조된 국제인식을 반영한다. 1910년대 전반에 조직된 비밀결사도 있으나, 대개는 1915년 이후에 조직되었다. 이는 제1차 세계대전이 미칠 파장을 예의주시하며 시의에 부응하고자 한 것이다. 천도교 측이 중국의 신해혁명을 주시하였고, 천도구국단을 조직하자마자 첫 사업으로 일본의 승패 여부를 판단하게 하고 독립 이후 수임기구를 조직하게 하였던 것이 그 대표적 경우이다.

요컨대 1910년대 비밀결사는 한말 국권회복운동의 전통을 발전적으로 계승하고, 3·1운동과 이후 한국독립운동을 지속적으로 이끌어 나간 주체라 할 수 있다. 그 가운데에서도 의병 계열과 계몽운동 계열을 통합하여 가장 주목할 만한 활동을 펼친 1910년대의 대표적 비밀결사는 박상진이 주도한 광복회였다.

광복회의 조직

1915년 7월 대구에서 풍기광복단과 조선국권회복단의 보다 격렬한 의병적 인사들과, 황해도의 이진룡·이관구와 평안도의 조현균, 해서·관서 지역과 김좌진 등 충청도 지역 인사들이 합류하여 통합 비밀결사로 혁명단체인 광복회를 조직하였다. 총사령은 박상진이었다. 광복회는 그간 광복단·대한광복회·대한광복단 등으로 불려왔다. 이는 1920년대 광복회 활동을 보도한 신문보도와, 해방 후 재건한 광복회(단)가 남긴 기록에서 온 혼란 때문이었다. 여기에서는 구체적으로 논의한 연구 결과에 따라 광복회라 칭하기로 한다.

광복회 참여자들은 한말 의병전쟁과 계몽운동 참여자들이 중심이 되었다. 이들 중에는 1910년 경술국치 이후 잠시 활동을 중단했다가 광복회 결성에 참여한 이도 있고, 1910년 이후 독립운동단체에서 계속 활동

광복회 결성지인 달성공원의 1910년대 모습(위)과 현재 모습(아래)

박상진

한 이도 있다.

광복회원들은 광복회 결성 이전에 독립의군부·풍기광복단·민단조합·달성친목회·조선국권회복단 등에서 활동했던 것으로 알려진다. 독립의군부에서는 유장렬과 한훈이 참여했고, 풍기광복단에서는 채기중·한훈·유장렬·유창순·강병수·정운기·정진화·전봉초·양제안이, 민단조합에서는 정운기·강병수·조용필이 참여했다. 조선국권회복단에서는 박상진·김재열·이시영·정순영·정운일·최준이 참여했고, 달성친목회에는 박상진·이시영·정순영·정운일·홍주일이 참여했다.

광복회는 이념적 측면에서 볼 때 복벽주의와 공화주의가 합쳐져 공화주의로 옮아가는 추이를 보인다. 구성원을 보면 우재룡이나 한훈 등 의병 출신자와 박상진·이관구 등 신교육 이수자가 뒤섞여 있고, 신분상으로도 양반과 상민이 섞여 있었다. 따라서 광복회의 이념을 복벽주의가 아니라 혁신유림으로 보거나 '경고문'을 근거로 공화주의로 해석하는 견해도 있다. 그러나 광복회는 복벽주의와 공화주의 이념을 공유하였으나, 완전한 이념의 통합을 이룬 것은 아니라는 주장도 있다. 물론 광복회는 시대에 따라 명칭만 바꾼 '대한의병大韓義兵'이란 말처럼 주력이 의병 계열임은 틀림없다. 그러나 이는 무장투쟁론의 방략상 계승을 의미하는 것이지, 이념의 계승으로 보아서는 안 된다. 1910년대 독립운동의 이념은 경계를 넘나들고 있었다. 신한혁명단이 고종의 망명 계획을 추진하였다고 해서 복벽주의 단체로 보지 않듯이, 이념과 방략은 반드시 일치하지는 않았다. 그러나 분명한 것은 1910년대 중반 이후 새로운 이념적 지향을 하고 있었고, 이는 '대동단결선언大同團結宣言'으로 구체화되었음을 유념하여야 한다. 따라서 광복회는 두 이념이 하나로 모아져 새로운 시대적 사조를 형성한 것으로 이해하는 것이 타당할 듯하다.

광복회의 조직 목적은 국권을 회복하고 독립을 달성하는 것이었다. 광복회는 독립군 양성을 위해 만주에 사관학교를 설립하고 군대 양성을 추진했다. 광복회는 무력이 준비되면 일제와의 전쟁을 통해 독립을 이룬다는 목표를 세웠다. 광복회의 이러한 목적은 전국의 부호들에게 발송한 「포고문」에 명확히 나타나 있다.

> 아我 조국祖國을 복復하고 아我 세수世讐 척斥하고 아我 동포同胞를 구求함은 실로 차此 아我 민족의 천직天職으로서 오인吾人의 불가불위不可不爲의 의무이다. 차此 본회本會가 성패成敗와 이둔利屯을 불고不顧하고 사死를 모冒하여 차此를 창립하는 소이로서 … .

여기에서 알 수 있듯이 광복회원들은 조국을 회복하고 원수 일본을 몰아내어 우리 동포를 구하는 것이 우리 민족의 천직으로서 우리들이 하지 않으면 안 되는 의무라 여기고 광복회를 결성했다. 이들은 각자가 가지고 있는 능력을 발휘해 성심으로 단체를 조직하면 강토의 회복과 광복은 당연히 도래한다는 신념을 지니고 있었다.

광복회는 독립을 달성하는 방법으로 무장투쟁을 선택했다. 광복회의 이러한 목적은 지휘장을 역임한 우재룡의 신문시 진술을 통해서 확인할 수 있다.

> 광무光武를 회복하는 즉 구한국의 국권을 회복한다고 하는 의미로 광복회라고 명명한 것이다. …… 구한국의 국권회복을 도모함을 목적으로 하고 우선 사령부라는 것을 설치하여 군대를 양성하고 시기의 도래함을 기다려 임기응변의 조치를 취하여 독립을 도모하도록 하자고 하는 의논의 결과로 조직한 것이다.

우재룡은 광복회가 '광무를 회복하는 즉 구한국의 국권을 회복'한다는 의미로 설립한 것이라고 밝혔다. 그렇다면 광복회는 복벽주의 이념을 기본으로 삼고 있었던 단체가 되는 셈이다. 이 같은 우재룡의 진술은 상당히 중요한 의미가 있다. 광복회원들은 한결같이 광복회 목적을 '국권회복'으로 알았고, 그들이 말하는 '국권회복'의 의미는 '구한국의 국권회복'이었다. 채기중이 계속해서 언급한 '구한국의 국권회복'과 우재룡의 진술에서 보이는 '국권회복'의 의미는 같다고 할 수 있다. 즉 이들의 목적은 '대한제국의 회복'이었던 것이다.

이러한 점을 미루어 볼 때 광복회는 이념적 통합을 이루지는 못했다. 계몽운동 계열이 공화주의를 목적으로 했다면, 의병 계열은 복벽주의를 목적으로 광복회를 결성하고 활동했기 때문이다. 그러므로 광복회는 공화주의적 이념과 복벽주의적 이념을 공유한 단체로 보아야 한다. 즉 광복회는 복벽주의적 노선과 공화주의적 노선이 공화주의로 통합되었다기보다는 '독립'이라는 목적 아래 투쟁방략상 통합을 이룬 단체였던 것으로 이해함이 타당할 듯하다.

광복회는 국권회복을 도모하기 위해 군대를 양성할 목적을 지니고, 장차 도래할 무장투쟁을 위해 군대식 편제로 조직하였다. 광복회는 '회會'라는 온건한 명칭을 사용하였으나, 실제의 편제는 '총사령·사령부·사령관·지휘장' 등의 군대식 조직 체계를 갖추고 있었다. 이것은 광복회가 결성 시점부터 이미 독립전쟁을 수행하기 위한 체제로 출발했다는 것을 말해준다. 광복회의 무장투쟁 단체로서의 성격은 다음의 투쟁 강령에서 명확하게 드러난다.

광복회 투쟁 강령

1. 무력준비 : 일반 부호의 의연義捐과 일본인의 불법 징수하는 세금을 압수하야 차此로써 무장을 준비함.
2. 무관양성 : 남북만주에 사관학교를 설치하고 인재를 양성하야 사관으로 채용함.
3. 군인양성 : 아我 대한의 유래 의병, 해산군인 급及 남북만주 이주민을 소집하야 훈련 채용함.
4. 무기구입 : 중국과 로국露國에 의뢰 구입함.
5. 기관설치 : 대한, 만주, 베이징, 상하이 등 요처에 기관을 설치하되 대구에 상덕태라는 상회의 본점을 두고 각지에 지점 급及 여관 우⼜난 광무소鑛務所를 두어서 차此로써 본 광복회의 군사행동의 집회, 왕래 등 일체 연락기관으로 함.

6. 행형부行刑部 : 우리 광복회는 행형부를 조직하여 일본인 고등관과 우리 한인의 반역분자는 수시수처 포살을 행함.
7. 무력전 : 무력이 완비되는 대로 일본인 섬멸전을 단행하야 최후 목적 완성을 기함.

광복회는 투쟁 강령으로 무력준비·무관양성·군인양성·무기구입·기관설치·행형부·무력전을 내걸었다. 투쟁 강령의 대부분은 무력 준비에 초점이 맞추어져 있었고, 궁극적으로는 독립전쟁을 수행하기 위한 방략이었다. 광복회의 모든 활동은 조국의 독립이라는 '최후 목적'을 달성하기 위한 과정이었다.

광복회의 이러한 방략은 1910년대 독립전쟁론과 그 맥을 같이하고 있었다. 독립전쟁론은 한말 계몽운동과 의병전쟁의 이념과 논리를 통합해 새로운 항일독립운동의 이념과 전술로 정립된 것이었다. 독립전쟁론은 군국주의 일본을 몰아내고 민족해방과 조국독립을 달성하기 위해 가장 확실한 방법은 한민족이 적당한 시기에 일제와 독립전쟁을 결행하고자 하는 독립운동의 이론체계였다. 이러한 전략은 독립군을 양성하고 기회를 포착해 독립전쟁을 일으켜 독립을 쟁취하는 전략 이론이며, 신민회에 의해 국외에 독립운동기지와 사관학교를 설립하면서 추진되었다. 이를 위해 한인을 만주로 이주시키고 자금을 조달해 전쟁을 수행한다는 방략이었고, 장차 독립전쟁에 대비하는 '준비론'을 의미하는 것이었다. 이러한 독립전쟁을 준비하기 위한 시도는 일찍이 서간도 지역에서 신민회 인사들을 중심으로 이루어졌고, 그 출발은 사관학교 설립과

만주 지안에 있는 고구려 광개토왕릉비(위)와 장군총(아래)

사관 양성으로부터 시작하였다.

　1910년대의 독립전쟁론에서 그 무대로 주목된 곳은 만주 지역이다. 한때 만주라는 호칭이 일제가 지은 것이라 하여 중국 동북지방이나 동삼성으로 불러야 한다는 주장이 있었으나, 이중환李重煥의 『택리지擇里志』에서도 사용한 지명이므로 그냥 사용해도 무방할 것이다. 만주는 그 어느 지역보다도 독립전쟁을 수행하기 위해서 객관적으로 유리한 곳이었는데, 자리적 이점을 나열하면 다음과 같다.

- 고구려나 발해의 고지로 한국인에게 역사의 고장일 뿐 아니라 특히 간도 지방은 숙종 이래 조청朝淸 사이에 영도 분쟁이 있던 곳이며, 구한말에는 그곳에 간도관리사間島管理使를 파견하여 행정적 관할을 해 오던 곳으로 한국인은 조국의 연장지역과도 같이 의식하고 있었던 점.
- 지리적으로 압록강·두만강 등과 경계한 인접지역으로 이민 등의 교통조건, 그리고 독립전쟁상의 전략으로 적절했다는 점.
- 역사적으로 이민이 있었고 특히 경술국치와 3·1운동을 계기로 망명 이민이 격증하여 동포사회가 형성되어 독립군의 사회적 기반이 있었다는 점.
- 광활한 황무지가 많아 개척의 여지가 많았다는 점.
- 중국의 전통상 또는 오랜 정쟁으로 행정과 치안의 공백지대가 많고 또 그렇지 않더라도 중국에서는 이민의 근대적 개념이 정립되지 않았던 때였으므로 그들의 비위만 상하게 하지 않으면 누구라

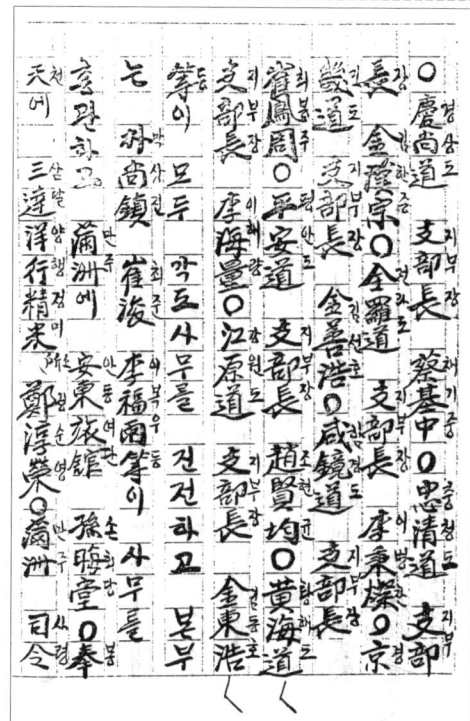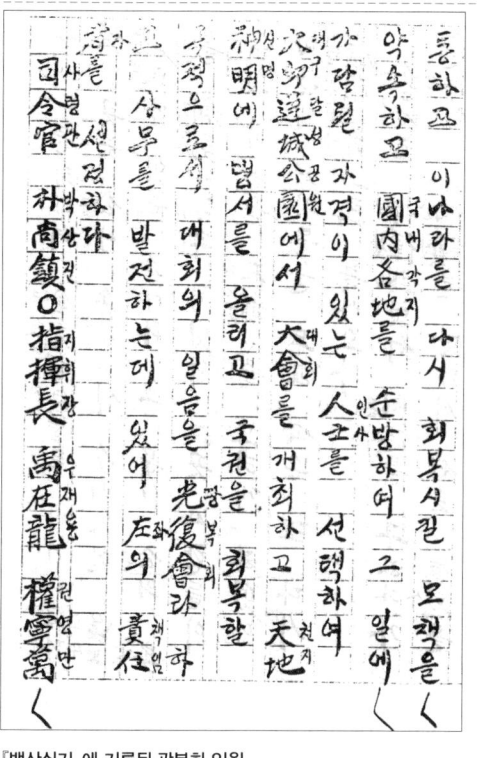

『백산실기』에 기록된 광복회 임원

- 도 이민이 가능했던 점.
- 한국 인민이 항상 전통적 우의를 내걸고 있었듯이 양 국민 사이에 교류하는 우호적 분위기가 있었다는 점.
- 새로 한국인에 의해서 개척되는 벼농사는 중국인이나 이민자의 경제적 이익에 크게 이바지했다는 점.

〈표 1〉 광복회 조직표

구분		『백산실기』	『고헌실기약초』
본부	사령관	박상진	박상진(총사령)
	지휘장	우재룡·권영만	
	재무부장	최준	최준
	사무총괄	이복우	
	막빈참모(幕賓參謀)		김한종·이기옥
	원근연락사무부장		우재룡·배상철·김진택
각도 지부	경기도지부장	김선호	채기중
	황해도지부장	이해량	유창순
	강원도지부장	김동호	김동호
	평안도지부장	조현균	황희덕
	함경도지부장	최봉주	김병식
	경상도지부장	채기중	김진만
	충청도지부장	김한종	장두환
	전라도지부장	이병찬	이병찬

광복회 본부 조직에 참여한 인물들은 광복회 결성 이전부터 박상진과 긴밀한 관계를 유지하던 사람들이었다. 따라서 이들을 중심으로 광복회의 결성 계획이 추진되었고, 국내 지부장들이 참여하면서 전국적 조직으로 확대될 수 있었다.

『백산실기』에 의하면 광복회 본부에는 박상진(사령관)·우재룡(지휘장)·권영만(지휘장)·최준(재무부장)·이복우(사무총괄)가 참여하고 있었다. 본부의 역할은 광복회 활동의 총괄이었고, 그 책임자는 당연히 총사령인 박상진이었다.

「백산실기」와 「고헌실기약초」에 기록된 광복회의 조직은 약간 차이가 있는데, 이를 정리하면 〈표 1〉과 같다.

광복회원들은 본부인 경주 외동면 녹동 469번지 박상진의 집에서 자주 회합을 가졌다. 박상진은 대구와 경주의 집을 왕래하며 활동했고 필요에 따라 본인의 집을 본부로 활용하였다.

국내외 독립전쟁 기지 구축

광복회 조직 이후 박상진은 투쟁 강령 제5조에 기관 설치를 강조하며 대구를 거점으로 영주의 대동상점을 비롯하여 삼척의 김동호金東鎬, 광주의 이명서李明瑞, 예산의 김재창金在昶, 연기의 박장희朴壯熙, 인천의 이재덕李在德과 황학성黃學性, 용천의 문응극文應極 등을 내세워 곡물상과 잡화상 등 상업조직으로 위장한 연락기관을 설치하였다. 원래 광복회는 100여 개소의 잡화상도 설치하여 상업 활동으로 위장할 계획을 수립하였는데, 대부분 곡물상이었다. 이는 곡물상이 광범한 교역권과 충분한 거래량을 통해 자금의 송달이 용이하였고, 가장 기본적인 농업 생산물의 유통을 통해 일제의 감시망을 피할 수 있었기 때문이다. 이밖에도 서울의 어재하, 안동의 이종영, 고령의 김재열, 영천의 정재목 등의 집도 연락거점으로 활용하였다.

이 가운데 1915년 8월 영주에 설치한 대동상점은 가장 대표적인 연락기관이었다. 8월이 음력인지 양력인지 분명하지 않지만, 광복회 결성 시점과 연관된 것임은 의심할 바 없다. 양한위가 정리한 「양벽제공제안실기」에는 대동상점의 설치 목적과 경위, 활동 계획에 대해 다음과 같이 적고 있다.

> 국내에서는 일인의 통치로 수비병 기관이 주밀하여 잠적 활동이 매우 곤란하므로 군자금 기백만 원을 거둬들여 만주로 보내어 밖으로는 로국과 중국을 연결하고 안으로는 병사를 훈련하여 사직의 광복을 도모하는 것으로 상계를 삼았다. 암암리에 풍기의 학교 훈도 박제선朴濟璿 춘양의 교원 유명식柳明植·박계양朴繼陽·이교덕李敎悳·권영목權寧睦·정의극鄭義極을 시켜 풍기·순흥·영주·춘양·내성의 유산가를 망라하여 대동상회를 조직케 하였다. 권영목으로 하여금 금고를 장리掌理케 하였다.

그러나 대동상점은 1918년 3월, 영주에서 군자금 모금 활동을 벌이던 권영목이 체포되며 조직이 탄로나 참여자들이 붙잡히는 이른바 '대동상점사건'이 발생하여 조직이 와해되었다. '대동상점사건' 판결문에 의하면 박제선은 징역 8개월을 선고받았고, 이교덕·정응봉·김노경 등은 무죄 방면되었으며, 이밖에 권영목·유명수 등이 연루되었음을 알 수 있다. 당시 일제는 대동상점의 설치가 박상진과 회합하여 협의한 결과라고 파악하였다. 사실 대동상점은 경상북도 북부 지역을 중심으로 한 광복회의 거점이었다. 권영목은 광복회원으로서 대동상점의 설립을 주도하였고, 박제선을 대동상점에 참여시켰다. 『고등경찰요사』에 수록된 '대동상점사건'의 경위는 다음과 같다(여기에는 박제선이 박재선朴齋璿으로 기록 되어 있다).

한일병합에 분개하고 있었던 주범 박재선은 제1차 세계대전의 발발에 따른 전국戰局의 장래가 동양에 미칠 것이니, 이 기회에 국권회복의 소지素志를 관철하기 위해 동지 권영목과 모의하여 운동자금을 조달하고 아울러 밀의 장소로 쓰기 위해 타인으로부터 자금을 빌려 1915년 8월 3일 경북 영주군 영주시장 내에 대동상점이란 잡화점을 개업하였다. 박재선은 감독, 권영목은 경영주임이 되고 유명수·정응봉·이교덕 등을 설득하여 이에 동참시켰다. 이들 3명은 상점 운영을 맡고 시기를 봐서 만주로 이주하여 거사를 하려고 계획하던 중, 러시아의 정변 및 중국의 내전에 따른 블라디보스토크와 간도지방 동포의 독립운동 기획 상황을 살피고 또 이들과 연락을 취하고자 박재선이 만주 펑톈지방의 상황 시찰을 위해 1917년 8월 3일 출발하여 가던 도중에 경성에서 김노향을 동지로 끌어들였다. 20일 정도의 시찰을 한 후 펑톈에서 돌아온 박은 1918년 3월까지는 만주 이주를 결행하겠다고 말하고, 상품을 처분하여 뚜렷한 이유 없이 상점을 폐쇄했다. 그리고 그해 12월 24일 경성 남문여관에서 권영목·김노향·조재하·권영만 및 광복회 수괴 박상진 등과 회합 협의한 결과 권영목으로 하여금 장래 만주로의 이주 준비 및 군대교육을 받게 하도록 중국 지린吉林 독군督軍 맹사원孟思遠 밑으로 파견하였다. 그런데 대동상점 경영의 자금과 기타 비용의 태반은 이교덕의 아버지에게 출자하도록 한 관계로 교덕으로 하여금 금고 보관을 하게 했기 때문에, 교덕이 보관 금액 전부를 그들에게 제공하는 것에 승낙하지 않을까 우려하여 권영목이 중국으로 출발하기에 앞서 이교덕을 속여 경성에 가도록 하고 유명수로 하여금 금고 내의 700여 원을 탈취하도록 하여 권과 같이 지린에 가도록

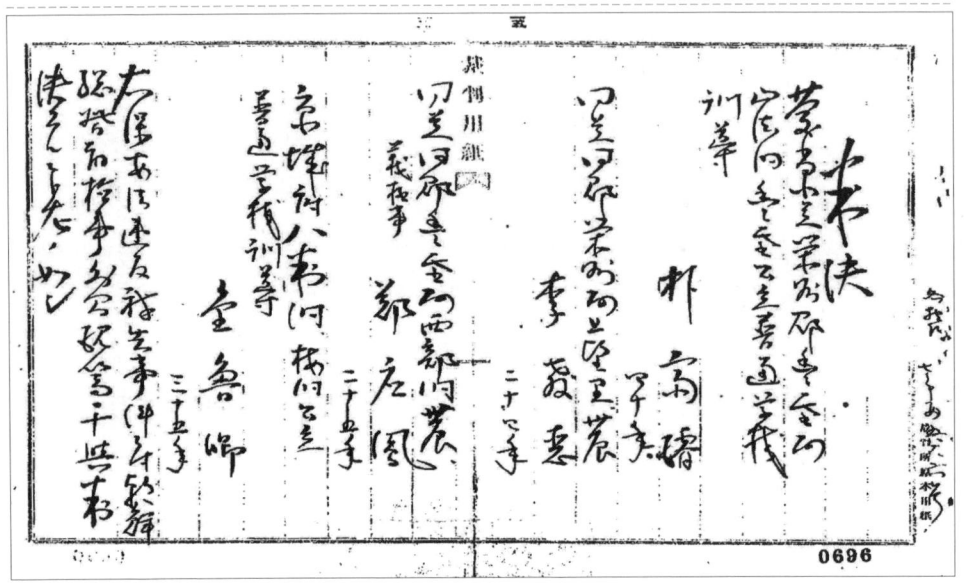

대동상점 관련 사건 판결문

한 것이다. 권영목은 위의 운동자금 조달의 수단으로 1916년 3월 이래 영주군 영주면 권상수·송주찬 등을 꾀어 지방 자산가로부터 몇 번에 걸쳐 1만여 원을 사기횡령했음을 영주 헌병분견소에서 발견, 1918년 3월 보안법위반과 사기횡령으로 사건을 송치했는데, 관계자는 다음과 같다.

경북 영주군 풍기면 산법동 풍기공립보통학교 훈도 박재선(40세)
경북 영주군 영주리 권영목(25세)
경북 봉화군 내성면 거촌리 전 공립보통학교 훈도 유명수(26세)
경성부 팔판동 경성매동공립보통학교 훈도 김노향(25세)

경북 영주군 풍기면 서부동 의극義極 곧 정응봉(24세)
경북 영주군 영주면 상망리 이교덕(24세)

광복회의 대동상점 개설과 운영은 중요한 의미를 지닌다. 무엇보다 대동상점을 통해 모금한 돈의 사용이 만주와 연계한 무장투쟁 계획과 관련이 있다는 사실은 광복회가 국외 독립운동기지 건설을 추구한 사실을 명확히 입증하는 것이다. 또한 대동상점 관련자를 분석해 보면 대부분 광복회원이거나, 그에 동조하던 풍기·순흥·영주·춘양·내성 등지의 부호와 교원들로 구성되었음을 알 수 있다. 이는 무장투쟁을 추구한 계층이 이전의 의병적 경험을 지닌 인사들 외에 폭넓게 확대되고 있음을 알려주는 것이다.

국내 지부 조직에 앞서 국외 조직으로서 지린광복회吉林光復會가 먼저 세워질 수 있었던 것도 대동상점을 통해 마련한 군자금 덕분이었다. 지린광복회는 1915년 12월 국내에서 파견된 우재룡을 중심으로 손일민孫一民·주진수朱鎭洙·양재훈梁載勳·이홍주李洪珠 등이 중심이 되어 조직되었다. 지린은 북만주뿐만 아니라 만주를 통틀어 지리적으로 중앙에 위치하고 있었고, 만주 지역 독립운동의 중심지였다. 따라서 광복회는 독립군 양성과, 궁극적으로 독립전쟁 수행을 위해 만주의 요지인 지린에 국외 거점을 먼저 만들었던 것이다.

지린광복회는 광복회의 본부로 인식되었다. 당시 광복회의 활동을 보도한 『동아일보』의 기사는 지린광복회의 성격에 대한 국내의 인식을 잘 보여준다.

박상진과 비밀히 국권회복을 목적하야 다수한 동지를 모집하야 대정 육년 유월경에 당시 박상진의 집에서 광복회라는 단체를 조직하고 동회 본부를 중국 지린 지방에 설치하고 조선 지방에는 각도에 지부를 설치하며 지린 본부에서는 군대를 양성하고 병기를 사드리어 한편으로는 조선 안에 있는 각 지부에 배부하여 무력으로 군자금을 모집하얏다. 이와 같이 큰 단체를 설치한 운동비도 우리견이 각 지방에서 현금 칠천만 원을 모집하야 당시 펑톈에 있는 김좌진을 주고 김좌진을 추천하야 회장을 삼고 독립운동을 하든 터인데 … .

즉, 광복회는 지린에 만주 거점을 두고 이곳에서 군대를 양성하고자 하였던 것이다. 또한 광복회는 국내에서 사용할 무기도 이곳을 통해 조달하고자 했다. 박상진이 1916년 무기 구입 차 이곳을 다녀왔고, 국내 이주민을 이곳으로 파견할 계획을 세웠던 것은 군대 양성 목적을 실현하기 위한 것이었다. 따라서 지린광복회는 광복회 결성 목적인 독립전쟁을 실현하기 위한 독립운동기지 성격도 지니고 있었다. 즉 지린광복회는 무관학교를 설치해 독립군을 양성할 만주 사령부였고, 전쟁을 통해 독립을 달성한다는 광복회의 목적 실현을 위한 만주 거점이었던 것이다. 지린광복회 설치는 광복회 결성 후 얼마 되지 않은 시점이었다. 국내 지부가 설치되기 이전이었고, 조직을 정비하고 확대하는 과정이었다. 이처럼 지린광복회를 빠른 시점에 설치한 이유는 광복회 지도부가 독립군 양성을 위해 만주에 거점을 설치하는 것이 가장 시급한 일로 인식했기 때문이었다.

지린광복회의 활동을 보도한 기사(『동아일보』 1921년 6월 11일)

「호석수기湖石手記」에 의하면 박상진은 김한종과 함께 1917년 8월 서울 어재하魚在河의 집에서 김좌진과 만나 향후 독립운동 방법을 논의한 후 김좌진을 만주로 파견하였다. 이 때 광복회는 김좌진에게 6만 원의 군자금을 제공하였으며, 여비는 어재하가 부담하였다. 당시 김한종과 박상진은 만주로 떠나는 김좌진을 위해 각각 전별시를 지어 읊었는데, 박상진이 지은 시의 내용은 다음과 같다.

가을 깃든 압록강 너머 그대를 보낼 제	鴨江秋日送君行
쾌히 내린 그대 단심에 우리들 서약 분명해지네	快許丹心誓約明
칼집 속에 용천검 빛 북두까지 이르겠소	匣裏龍泉光射斗
이른 시일 내 공을 세워 개선가 불러보세	立功指日凱歌聲

지린광복회에 참여한 인물 가운데 특히 이진룡과 김좌진은 주목할 만하다. 황해도 의병장 출신인 이진룡은 광복회 부사령으로 임명되었으며, 그가 체포된 이후에는 김좌진이 부사령을 맡았다. 김좌진이 만주 부사령으로 임명된 것은 손일민의 추천 때문이었다. 그러나 김좌진은 지린광복회에서 활동을 하지 못했다. 김좌진이 만주 부사령으로 파견된 후 국내 조직이 일제에 의해 파괴되면서 더 이상 활동할 수 없었기 때문이다.

한편 광복회는 본부와 지린광복회 결성 직후 국내 지부 조직에도 착수하였다. 국내 지부는 설립시기가 명확하지 않기 때문에 이를 설립 순서대로 살펴보기는 어렵다. 본부에서는 지역의 유력 인사들을 지부장으로 임명하고 지부를 설치해 나갔다. 지부장에게 부여된 주요 임무는 회원 모집과 군자금 모금이었다.

광복회 국내 지부 설치는 지부장들이 광복회에 가입하는 시점을 전후한 시기에 이루어졌다. 국내 지부는 경상도·충청도·전라도·황해도·평안도만 지부원 명단과 활동상이 뚜렷하게 나타나고, 경기도 지부의 경우는 지부장과 지부원 일부만이 확인된다. 또한 강원도·함경도 지부는 지부장만을 확인할 수 있어 정확한 실체를 규명할 수 없다. 따라서 국내 지부의 설치 과정과 조직상은 충청도·경상도·전라도·황해도·평안도를 중심으로 살펴보는 수밖에 없다.

김한종

광복회는 1916년 서울을 중심으로 크게 확대되는 양상을 보이는데, 특히 충청도 지방에서의 발전상이 주목된다. 충청도 지부는 1917년 음력 6월경 조직된 것으로 보이는데, 지부원이 60여 명에 이를 정도였으며, 지부장은 김한종金漢鍾이었다. 충청도 지부 설립의 직접적 계기가 된 것은 김한종이 경주의 박상진을 방문한 것이었다. 당시 박상진은 이른바 '대구권총사건'으로 옥고를 치르고 출옥한 무렵이었다. 김한종은 채기중으로부터 경상도에서 박상진이라는 사람이 국권회복을 위해 널리 동지를 규합하고 있다는 말을 듣고 그와 함께 박상진을 찾아가 만났다. 채기중은 박상진에게 김한종을 동지라고 소개하였다. 이 자리에서 위축된 광복회의 강화 방안이 논의되었고, 김한종은 광복회에 가입한 후 귀가하여 지부 조직에 나섰다.

멸실 전 김한종 생가 사랑채

복원된 김한종 생가

김한종은 가장 먼저 친분이 있던 장두환張斗煥에게 광복회의 목적과 내용을 설명하고 그를 광복회에 가입시켰다. 김한종은 장두환에게 회원의 모집과 자산가의 조사 및 기타 광복회 활동에 진력해 주기를 부탁했고 장두환은 이를 승낙했다. 장두환 영입 후 충청도 지부 조직은 빠르게 진행되었다. 김한종과 장두환의 노력으로 예산·홍성·청양·천안·아산 지역을 중심으로 회원들이 모집되었다. 이 지역은 홍주의병 주도자들의 지역적 연고와 일치하는 곳으로, 이른바 홍주문화권洪州文化圈으로 불리는 곳이다. 그래서 충청도 지부의 뿌리와 맥락은 홍주의병에서 비롯된 것이라 할 수 있다.

예산은 광시면光時面 신흥리新興里의 김한종의 금령 김씨金寧金氏 집안 사람들이 다수 참여하였는데, 그의 부친인 김재정金在貞도 참여하였다. 홍성에서는 정태복鄭泰復이 참여했는데 그는 장곡면 면장으로 인근의 자산가를 조사하여 장두환에게 명단을 제공하였고, 그들에게 보낼 광복회 고시문告示文을 면사무소 등사기로 등사하기도 하였다. 청양에서는 구한국 군인 출신으로 의병에 참여하였던 김경태金敬泰와 화산 중석광에서 물건을 팔고 있던 홍현주洪顯周의 활동이 두드러진다. 아산에서는 강석주姜奭周와 성달영成達永, 천안에서는 장두환과 유창순 등의 활동이 돋보이는데, 유창순은 충북 출신인 정운기鄭雲淇와 신양춘申陽春을 광복회에 가입시켜 광복회의 지역적 기반을 넓히는 데 기여하였다. 충청도 지부는 대부분 충남 지역 인사들로 구성되었으나, 충북에서도 청주의 이희구李喜求와 괴산의 정운기·신양춘·신옥현申玉鉉 등이 참여하였다.

경상도 지부는 조선국권회복단과 달성친목회를 중심으로 한 대구 조직과, 풍기광복단·민단조합·대동상점 등 경북 북부 지역 인물들이 중심이 되어 조직되었다. 경상도 지부원은 50여 명이었으며, 지부장은 채기중이었다. 채기중은 양제안의 소개로 박상진을 만났고, 풍기광복단원들과 함께 광복회 조직에 참여했다. 채기중은 경상도 지부의 책임을 맡고 경상도 북부 지방을 중심으로 회원 모집과 군자금 모금 활동을 벌였다.

경상도 지부 인사들을 보면 박상진과 양제안은 앞에서 말했듯이 함께 활동을 벌이다가 광복회를 조직하는 주역이 되었다. 강순필姜順弼(일명 姜順必·姜秉洙)과 조용필趙鏞弼은 이강년 의병장 휘하의 의병 출신으로 풍기광복단과 민단조합에 참여하였고, 김재열金在烈·정운일鄭雲馹·홍주일洪宙一은 달성친목회와 조선국권회복단에 참여하였다가 광복회로 합류하였다. 달성친목회 출신으로는 대구권총사건에 연루된 김진만金鎭萬·김진우金鎭瑀 형제가 있으며, 최병규崔丙奎와 최준명崔俊明도 있다. 의병 출신 양제안과 허위의 문인 박상진으로 인해 을미의병 때 진보의진의 권영만權寧萬, 산남의진의 우재룡 등이 동참하였다. 박상진과 안동유림과의 관계로 이중업의 아들인 이동흠李東欽이 광복회에 참여하기도 했다.

전라도 지부는 이병호李秉昊(일명 李秉燦)가 중심이 되어 조직되었다. 그가 광복회에 가입한 시기는 정확하지 않으나, 1918년 채기중 등과 함께 군자금을 모금한 사실이 확인된다. 물론 전라도 지부의 활동은 이병호의 참여 이전에도 일정하게 전개되었다. 이병호는 지부장이 되어 1918년 1월부터 채기중과 함께 목포·광주·보성의 부호들에게 경고문을 발송하고 군자금 모금 활동을 펼쳤으나, 1918년 6월 목포에서 체포되어 더 이상 활동할 수 없었다.

전라도 지부의 한훈韓焄은 충남 청양 출신으로 홍주의병 참여 이후 나철 등과 관계를 맺고 있었던 것으로 보이며 풍기광복단에 참여했다가 광복회에 합류하였다. 유장렬柳漳烈은 호남창의회맹소의 일원으로 참여했다가 1909년을 전후해서 전라도 서부 지역에서 의병에 참여하였으며 풍기광복단과 독립의군부를 거쳐 광복회에 가담한 후에는 전라도를 배경으로 군자금 모금을 하였다. 이들은 친일 부호였던 서도현을 처단하고 그의 조카 서인선을 납치한 사건의 주역이었는데, 이병온李秉溫·장남칠張南七·고제신高濟臣·이병화李秉華·김태수金泰壽 등이 이 사건에 동참하였다. 그러나 전라도 지부의 구성원은 이들 외에는 더 이상 확인되지 않는다.

한훈

황해도 지부는 이관구가 지부장이었다. 이관구는 1914년 해주에서 이학희李鶴熙 등과 대일항쟁을 위한 계획을 실행하던 중 발각되어 만주로 건너갔고, 당시 만주를 여행하던 박상진을 만났다. 박상진과 이관구의 만남은 부민단 단장이었던 허혁許赫에 의해서 이루어졌다. 이관구는 자서전『의용실기』에서 자신의 독립운동을 7차로 구분하여 설명하였다.

평양에서 시작해서 해주에서 발각된 것이 제1차요, 서간도서 기사起事하다가 발각된 것이 제2차요, 경상도 박상진 등과 광복회를 조직한 것이 제3차요, 황해도서 독립군단을 조직한 것이 제4차요, 안동현安東縣서 왜倭

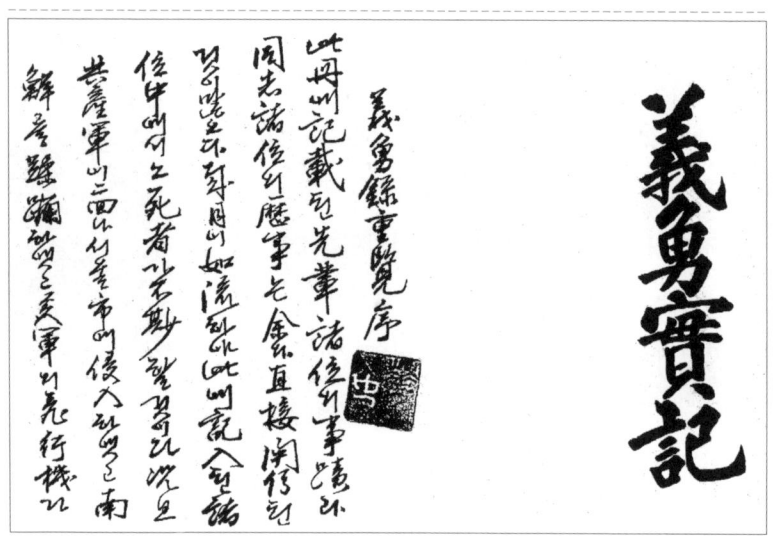

이관구의 자서전 『의용실기』

정부의 요인을 암살하려고 암살대를 조직한 것이 제5차요, 오동진 나석주 등의 동창생들로부터 무명의 혁명가 되기를 상약相約한 것이 제6차요, 황해도서 유지청년을 권하여 가지고 다시 의기를 거擧하다가 미시未時에 발각된 것이 제7차이다.

이 기록을 보면 이관구는 자신의 3차 의거로 박상진과 광복회를 조직한 사실을 들었다. 그는 또한 황해도에서 독립군단을 조직한 것을 제4차 의거로 들었는데, 이로써 볼 때 황해도 지부는 1916년 6월(음) 이전에 조직된 것으로 보인다. 그런데 그는 광복회의 결성 때부터 참여했던 인물이기 때문에 황해도 지부가 더 일찍 조직되었을 가능성도 배제할 수는 없으나, 당시 그가 활동한 지역이 만주였기 때문에 늦게 조직하였을 가능성이 더 크다.

황해도 지부는 최익현崔益鉉·유인석柳麟錫·송병선宋秉璿의 문인들이 중심인 것이 특징이다. 지부원 중 양택선梁擇善·변동환邊東煥·조선환曺善煥·윤헌尹·고후주高後澍는 유인석의 문인이었고, 조용승趙鏞昇·조백영趙百泳은 송병선, 오찬근吳瓚根은 최익현의 사상을 계승한 인물이었다. 또한 평산의진에 참여했던 박원동朴元東과 국망 이후 이진룡과 함께 무장투쟁을 전개한 이근영李根永·이근석李根奭도 유인석 계열이라 할 수 있다. 이로써 보면 황해도 지부의 결성에는 유인석 문인들의 학맥이 가장 큰 영향을 미쳤음을 알 수 있다. 요컨대 지부장 이관구가 유인석의 문인이라는 학문적 배경이 황해도 지부원들을 광복회에 참여시키는 데 크게 작용한 것으로 해석할 수 있다.

평안도 지부장은 조현균趙賢均이었다. 조현균은 평북 정주 출신으로 그 지역에서 제일가는 부호이자 만석꾼으로 불렸다. 그는 한때 숭의전 참봉을 지내기도 하였으나 이관구와의 교류를 배경으로 초기부터 광복회에 참여하였다. 그는 자신의 아들을 이관구와 함께 베이징에 유학 보낼 정도로 이관구와는 일찍부터 교류가 있었다. 그는 이관구뿐만 아니라 평안도 지역의 인사들과도 폭넓은 친분을 유지했으며, 특히 이진룡·조맹선趙孟善과도 긴밀한 사이였다. 조현균의 학문적 계보는 명확하지는 않으나, 그와 사돈 사이였던 김상운金尙運이 박문일朴文一·박문오朴文五 형제에게 사사한 문인이었고, 평안도 출신 지부원 가운데에는 박동흠朴棟欽(박문오의 아들)·양봉제梁鳳濟(평북 관찰사 출신) 등 박문일과 관련된 인물

조현균

들이 많았다는 점에서 그도 박문일 계열로 볼 수 있을 것이다.

그러나 황해도와 평안도 지부의 구성원은 자료의 부족으로 상세히 알기 어렵다. 앞에서 말한 유인석·최익현·송병선 문인 외에 이학희·이석희李錫喜·최정현崔正鉉 등도 사승관계를 알 수는 없으나 지역에서 명망이 있는 유생들이었다. 이들 외에도 변호사인 이근석李根奭, 청림교 교주 한성근韓聖根, 옹진 부호로서 재정지원을 한 이화숙李和淑, 총독 처단 계획에 참여한 『매일신보』 기자 성낙규成樂奎 등도 명망 있는 인사였다. 성낙규는 이관구의 1차 의거 후 국내에 남아 독립운동을 계속하고 있었고 황해도 지부가 설치될 때 경상도 지역 광복회원들과 연락을 담당하고 있었다. 이관구가 함경도·평안도 지역으로 활동 영역을 넓힐 수 있었던 배경에는 성낙규의 공헌이 컸다. 일제도 광복회원들의 모집은 이관구 또는 성낙규의 권유에 의한 것으로 파악할 정도였다. 또한 이석희와 이윤양李允瀁은 여인숙을, 이근영은 음식점을 경영하며 광복회에 참여한 사실도 주목된다.

광복회 각 지부 구성원의 성명·생몰년·주소·주요 활동 내용·전거 등 구체적 현황은 부록을 참고하기 바란다.

군자금 모금 활동

광복회가 만주를 독립군기지로 개척하고자 하는 계획을 실천하기 위해서는 막대한 자금이 필요하였다. 회원들은 자발적으로 자신의 재산을 군자금으로 내놓았다. 충청도 지부원 장두환은 무기 구입비로 4백 원을 제공하였고, 자신의 재산까지 헌납하였다. 또한 만주 연락기관이었던 안동여관·삼달양행·상원양행 등도 이관구를 비롯한 광복회원들의 자산 출원에 의해 설치되었다. 물론 박상진이 설립한 상덕태상회, 영주에 설치된 대동상점도 회원들의 자산 출원에 의해 설립되었으며, 풍기광복단 설립 당시 채기중도 자신의 전 재산을 군자금으로 헌납하였다. 이처럼 광복회가 국내·외에 설치했던 연락기관들은 대부분 광복회원들의 개인 자산 출원에 의존한 것이었다. 하지만 이렇게 마련된 자금만으로 사관학교의 설립과 군대의 양성을 실현하기에는 턱없이 부족했다. 따라서 광복회는 다양한 방법으로 군자금 모금에 나섰고, 경우에 따라서는 무장을 하고 모금 행동에 나서기도 하였으며 화폐 위조 등 다방면으로 노력하였다.

1915년 12월, 광복회 본부 조직이 나서 경주에서 우편마차를 공격하여 돈을 탈취하는 이른바 '경북우편마차암습사건慶北郵便馬車暗襲事件'이 발생하였다. 이 사건은 우재룡과 권영만이 경주 일원에서 관금官金을 운송하는 우편마차를 습격할 계획을 수립하고, 관련 정보를 재무부장 최준으로부터 입수하여 실행에 옮긴 것이다. 12월 24일 새벽, 권영만은 환자로 가장하여 우편마차 주인집에서 숙박을 하고 대구병원으로 치료를

경북우편마차사건 기사(『매일신보』 1915년 12월 26일)

받으러 간다는 핑계로 우편마차에 동승하였다. 이 마차는 대구부에 사는 일본인 대야봉차랑大野峰次郞이 운영하던 것이었다. 한 겨울이라 새벽바람이 무척 차가웠다. 무열왕릉 근처를 지날 때에는 바람이 더 심하게 불었다. 일본인은 외투 속에 몸을 웅크리고 동승한 권영만을 그다지 의심하지 않았다. 마차가 아화阿火 방면을 향할 무렵, 갑자기 뒷문이 덜컹

거리는 소리에 일본인이 뒤를 돌아보았다. 그런데 뒷자리에 타고 있던 권영만이 없어졌다. 이에 놀란 일본인이 황급히 행랑을 검사해 보니 날카로운 칼로 찢겨져 있었고, 돈은 모두 없어진 상태였다. 권영만과 우재룡은 현금 8천 7백 원을 가지고 본부가 있는 녹동으로 귀환하였다. 「고헌실기약초」에는 이들이 빼앗은 금액을 1만 8천 7백 원이라고 기록하였으나, 『매일신보』에는 8천 7백 원으로 보도하였다. 이관구의 『의용실기』에 의하면 당시 사용한 무기는 박상진이 만주에 있는 이관구를 통해 구입해 온 것이었다.

우편마차를 공격하여 현금을 빼앗는 것은 의병 때부터 활용하던 투쟁 방식이었다. 당시 우편마차가 수송하는 행랑에는 우편은 물론 여수신 업무에 필요한 현금이 들어 있었다. 따라서 우편마차는 삼엄한 무장 호위대의 엄호를 받으며 이동하였다. 이 길목에 의병들이 매복해 있다가 기습하여, 호위병을 사살하고 무기를 빼앗는 한편 우편행랑 속의 현금을 군자금으로 사용하였던 것이다. 청주에서 봉기하여 충북·강원·경북 일원을 무대로 활동했던 후기 의병장 한봉수韓鳳洙가 대표적인 인물이다. 그는 1907년 의병으로 봉기하여 1910년 체포될 때까지 모두 6차례에 걸쳐 우편행랑을 기습하는 유격전을 구사하여 모두 성공하였다. 그는 노획한 현금을 군자금으로 활용하는 한편, 나머지는 주민들에 분배함으로써 민중적 기반을 확보할 수 있었다. 또한 노획한 무기로써 열악한 무비武備를 보완하는 이중 효과를 거둘 수 있었다. 이러한 우편마차 습격은 정확한 첩보와 신속한 유격전술이 뒤따라야만 가능한 것이었다.

한편 1916년 10월에는 만주 부사령 이진룡이 운산금광 현금 수송 마

● 大賊魁逮捕의 苦心

萬勇無雙의 리진룡을 잡던 리약이

▲건너편지나땅

▲범인등의 힝동

▲천시경에 진룡

▲세명을 거더차

▲길을 지쳐 향야

▲리진룡을 슈석

▲포박홀 방법을

대서특필한 이진룡의 체포 기사(『매일신보』 1917년 6월 19일)

차를 공격하기도 하였다. 이진룡은 김응하金應河·신충섭申沖涉·김영화金永化·김춘옥金春玉 등과 함께 운산금광회사가 경의선 맹중리孟中里 역에서 금괴와 현금을 교환하는 현장을 습격하였다. 이 활동으로 금광 지배인의 동생인 미국인과 호위 순사가 사살되고, 중국인과 영국인 각 1명 등 6명이 죽거나 다쳤다. 이로 말미암아 이진룡은 체포되고 부사령의 후임으로 김좌진이 임명되었다.

당시 이진룡의 체포 관련 사실은 『매일신보』에 '대적괴大賊魁 체포逮捕의 고심苦心'이란 기사로 그 어려움이 상세하고 생생하게 보도되었다. 이 기사에 의하면 이진룡은 5월 25일, 자신을 체포하러 국내로부터 중국으로 출장 온 창성헌병분대 사창私倉파견소의 이시야마石山 헌병상등병과 헌병 보조원 2명 및 중국 현지의 일본 재향군인 회원, 중국인 보장堡長에게 요청한 중국인 민병 2명 등의 합동 체포조에 의해 관전현寬甸縣 소아하小雅河의 외딴 집에서 체포되었다. 당시 아무것도 모르고 곤하게 잠을 자고 있던 이진룡은 체포조의 기습을 받고 8명의 부하들과 함께 30여 분 동안 격투를 벌였으나, 결국 체포되어 27일 창성헌병분대로 압송당하여 조사를 받고 6월 6일경 의주에 있는 평북경무부로 이송되었다.

이른바 '대구권총사건'은 박상진이 광복회 결성 이전부터 대구 지역을 중심으로 조선국권회복단원들과 추진했던 군자금 모금 활동의 일환이었다. 이 사건은 1916년 9월 권상석·임세규·김진우 등이 중심이 되어 대구 부호 서우순으로부터 자금을 모집하려다 체포된 사건이다. 당시 신문에는 '권총강도', '대구권총강도', '양반권총사건' 등으로 보도되었고, 이후 '대구권총사건'으로 알려지게 되었다.

박상진은 1915년 4월경 최준명崔俊明으로 하여금 서창규徐昌圭에게 군자금을 요청하도록 하였으나 실패하였다. 이어 6월경 최병규·정운일·김재열 등이 권총을 들고 가 다시 서창규에게 요구하였으나 돈이 없다고 해 또 거절당하였다. 광복회는 1915년 11월부터 다시 자금 모집에 착수했다. 그들은 정재학에게 5만 원, 이장우에게 2만 원, 서우순에게 1만 원의 의연금을 선양으로 가져올 것을 요구했다. 하지만 아무도 이에 응하지 않았다. 이에 광복회는 다시 서우순을 대상자로 선정하고 자금 모금을 시도했다. 서우순은 대구 남정에 사는 부호로서 광복회 회원이던 김진만의 장인이었다. 박상진은 김진우金鎭禹에게 권총을 제공하고 조선국권회복단에서 함께 활동하던 이시영, 대구의 최병규 등에게 서우순을 집으로 찾아가 군자금을 내놓으라고 요구하도록 명령하였다.

1916년 9월 4일 새벽 2시경, 이들은 담장을 넘어 서우순의 침실에 들어가 회중전등을 비추며 형편을 살폈다. 이 때 서우순이 잠에서 깨어나 놀라 크게 소리치자 집안사람들이 깨어나 그들에게 달려들었다. 그들이 대문 쪽으로 달아나자, 서우순의 머슴 우과길禹過吉이 추격해 와 이들이 권총을 발사하여 우과길을 쓰러뜨렸다. 가슴에 총상을 입은 우과길은 자혜의원에서 치료를 받았으나, 생명에는 이상이 없었다. 그러나 일제가 대수색을 벌여 참여자들이 일제에 체포되고 말았다.

'대구권총사건'으로 체포된 이들은 대구지방법원과 복심법원에서 소위 강도 미수와 공갈 미수, 총포화약류취체령 위반 죄목으로 김진우는 12년, 김진만·정운일·최병규는 10년, 최준명은 2년, 박상진·김재열

대구권총사건 기사(『매일신보』 1916년 9월 6일, 1917년 4월 28일)

은 6개월, 홍주일은 5개월, 이시영은 4개월 형을 선고받았다. 이 때 체포되지 않은 권상석과 임세규도 10년 형을 언도받았다.

그런데 '대구권총사건'에 참여한 인물들의 소속 단체가 광복회, 조선국권회복단, 달성친목회 등으로 각각 달랐기 때문에 그 주체에 대한 해석이 분분하다. 그러나 이 사건은 광복회가 1915년부터 대구를 중심으로 전개했던 군자금 모금 활동으로 이해하는 것이 타당하다.

또한 광복회는 다량의 현금을 보유하고 있는 일본인 소유 광산을 공격하여 군자금을 확보하고자 하였다. 1916년 6월경, 문경에 거주하던 서당교사인 김낙문金洛文은 채기중·이식재李湜宰·조우경趙禹卿·권재하權在河 등 10여 명과 영월군 영월중석광을 공격하였다. 채기중은 부하 10여 명을 갱부로 위장시켜 광산에 투입하였다. 이어 이식재와 조우경에게 그곳에 살고 있던 권재하의 소개장을 가지고 광산에 가 돈을 빼앗고자 하였으나, 성공하지는 못하였다.

이 사건에 참여한 김낙문과 이식재는 민단조합의 지도부 인물이다. 그래서 일제는 이 사건을 민단조합 활동으로 파악하기도 하였다. 그러나 영월중석광 공격에는 광복회의 지휘부가 참여하고 있었다. 따라서 이 사건은 광복회와 민단조합이 연합해 실행한 군자금 모금 활동으로 보아야 할 것이다.

박상진과 채기중은 직산금광을 노리기도 하였다. 그들은 1917년 6월(음)경, 직산금광을 습격하기 위해 노재성盧在誠에게 3천 원의 준비 자금을 조달할 것을 의뢰하였다. 그러나 노재성이 주저하며 자금 조달에 실패하자 김한종과 상의 끝에 이 계획을 취소하였다.

또한 광복회는 전국의 부호를 대상으로 군자금 모금에 나섰다. 박상진은 동지들에게 국권회복을 위해서는 군자금의 조달이 급선무이며, 이 목적 달성을 위해서는 전 조선의 부호들을 조사하여 이들에게 포고문을 발송하고 금전을 거출할 예정이므로 이에 전력하라고 명령하였다. 또한 군자금을 거출하기 위한 포고문은 중국의 동지들에게 부쳐 중국에서 발송하도록 하고, 발송 후에는 암살을 결행하여 거부하는 자에게 두려움을 주어 포고문의 위력을 보여주는 동시에 군자금 거출에 힘쓰도록 하

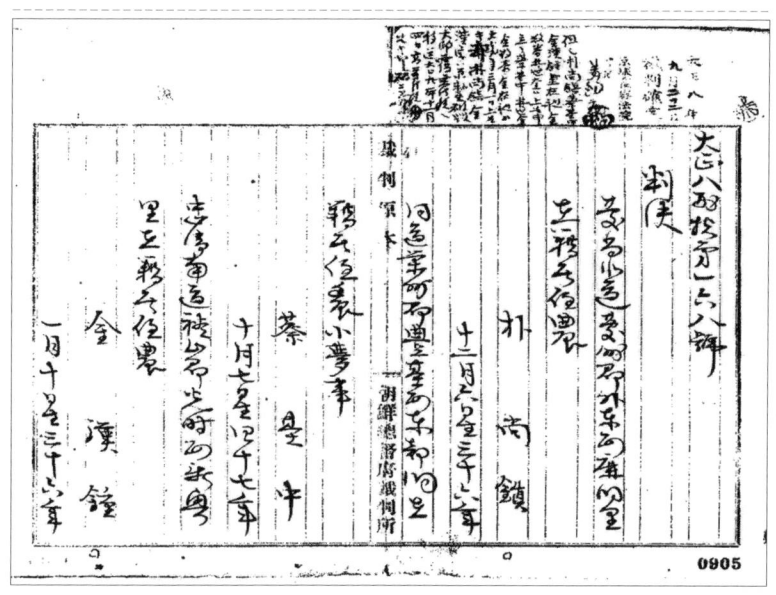

박상진의 경성복심법원판결문(1919. 9. 22)

였다. 박상진 등의 '경성복심판결문'(1919. 9. 22)에는 군자금 모금 관련 내용이 다음과 같이 기록되어 있다.

그 모집 방법으로서는 조선 각도에 있어서 조선인 자산가에 대해 동 회의 목적을 달성하기 위해 그 회가 인정한 자산의 비중에 따라 동회 지정의 금액을 기부하도록 요구하며, 이에 불응할 때는 불칙不則의 위험이 있을 것임을 암시해 주기로 했다. 이를테면 정치상 불온하고 위험한 내용을 게재한 문서를 발송하여 쉽게 그 요구에 응하지 않을 것을 염려하여, 자산가로서 악명이 높은 것으로 생각되던 경상북도 칠곡군漆谷郡 북삼면

北三面 오태동 일명 장관찰張觀察(張萊道)과 같은 자를 암살하여 여느 사람에게 위협함으로써 자금 조달을 쉽게 하리라 결심했다.

박상진은 경상도·충청도·강원도·전라도·황해도 등 각 도 자산가들의 주소·성명·재산액 등을 파악하여, 자산의 정도에 따라 할당액을 정하고 포고문과 함께 중국이나 국내에서 보내도록 하였다. 박상진은 우리견(우재룡)에게 자금을 주어 중국에서 보내는 작업을 지시하였다. 또한 박상진은 경상북도 경주군 일대의 자산가를 조사, 명부를 작성하여 유창순으로 하여금 가져오게 하여, 이들 자산가에게는 중국에서 포고문을 발송하도록 하였다. 박상진에게 전달된 명부는 채기중이 조사한 것으로 '경상북도 15군 조사기'라는 제목 아래 부호 20명 정도의 주소·성명이 기재되어 있었다. 그는 이를 중국으로 보내 조사한 각 부호에게 포고문을 발송하도록 하고, 재정을 담당하고 있던 최준에게도 발송하도록 하였다. 박상진의 지시로 국내의 각 부호를 조사한 실상은 충남의 경우가 구체적으로 남아 있다.

장두환張斗煥과 상의 끝에 장은 천안·아산·안성·연기 각 군의 부호를 조사하고, 엄정섭嚴正燮은 공주·청양·부여·논산의 각 부호를, 본인(김한종)은 서산·홍성·예산·보령 각 군의 부호를 조사하기로 하였다. 이 조사를 장두환이 종합하여 백지에 염수鹽水를 먹여 인명부人名簿를 만들어 경성에서 박상진에게 제출하고, 박상진은 다시 이것을 중국으로 부친 것으로 보인다.

이 자료에 의하면 각 지역의 자산가 조사와 명단 전달 등은 매우 비밀리에 진행되었음을 알 수 있다. 즉, 조사한 자산가 명단은 백지에 소금물로 작성해 불에 쬐어야만 글씨가 보이게 함으로써 비밀을 지키려 했음을 알 수 있다. 또한 통고문에 광복회 명의의 인장을 날인하고 이를 절반으로 잘라 그 한쪽을 통고문에 첨부하고, 다른 한쪽은 광복회원이 자금 수령 시에 제시해 맞춰봄으로써 광복회원임을 증명하는 방법을 사용했다. 또한 비밀조직인 만큼 은어를 사용하였다. 광복회원들이 사용한 은어는 '광부 1명을 득하였다(광복회원 1명을 입회시켰다는 뜻)', '금광 1개소 발견(자금을 조달할 회원 1명을 입회시켰다는 뜻)' 등이었다. 특히 무기를 전달할 때는 합표合標를 만들어 대조함으로써 확인하는 과정을 거쳤다. 합표는 웨일즈 연초의 빈 갑으로 만들었는데 가운데를 반으로 나눠 오른쪽을 갑甲, 왼쪽을 을乙로 하여 회원이 갑호를 지참하고 지정된 장소에 나가 을호 소지자와 대조하여 확인한 후 권총 2정을 주도록 하였다. 이처럼 광복회의 군자금 모금 활동은 매우 조심스럽고 치밀하게 전개되었다.

    포고문의 발송은 채기중의 제안에 따라 박상진과 우리견이 찬동한 것으로, 한문으로 된 포고문을 가지고 중국 서간도로 가서 한글로 번역하여 국내 자산가에게 보내기로 하였는데, 이 일은 우리견이 담당하였다. 다음은 1917년 10월 14일 평안북도 정주읍에서 광복회 명의로 경상북도 대구부 경정京町 2정목二丁目에 살던 자산가 서창규에게 군자금 기부를 요구하며 발송한 포고문佈告文과 주의사항의 내용이다(현대문은 필자가 번역한 것).

포고문

아아! 슬프다. 우리 동포여! 지금이 어느 때인가? 사천 년의 종묘사직이 흔적도 없이 사라지고 이천만 민족은 노예가 되었고 나라의 치욕과 백성의 욕됨이 그 극에 이르렀다. 아아! 저 섬나라 오랑캐가 오히려 이에 배부른지 모르고 나날이 악정과 폭행을 가하여 우리들의 생명과 재산을 멸망케 하려 하고 있다. 그러나 우리 동포들은 아직 이를 깨닫지 못하고 점차 가라앉아 장차 화가 미칠 것을 알지 못하고 편안함만 도모하려 한다. 보금자리가 깨진 곳에 어찌 알이 완전할 수 있겠는가? 백자천손이 모두 원수의 희생이 되고 천창만상이 역시 다른 사람의 창고로 들어가지 않을 수 없으니, 말과 생각이 여기에 이르니 피눈물이 흘러내린다.

우리 조국을 회복하고 우리 원수를 몰아내어 우리 동포를 구함은 실로 우리 민족의 천직으로서 우리들이 반드시 해야만 하는 의무이다. 이는 본회가 성패와 영리하고 우둔함을 따지지 않고 죽음을 무릅쓰고 이를 창립한 까닭으로 이미 10여 년이 지났다. 그간 경과한 엄청난 어려움은 일일이 나열할 겨를이 없다. 내외의 동포로부터 이 의거에 동정을 보내지 않은 사람이 없다. 그러나 지금 본회의 목적을 달성하기에 이르지 못함은 실로 우리 동포가 한마음이 되지 못하고 머뭇거리며 제대로 결심을 하지 못함 때문이다. 이제 큰 소리로 급히 우리 동포에게 고하노니 이를 가벼이 여기지 말고 마음을 기울여 한번 생각하기 바란다.

예전에 한무제漢武帝가 흉노를 공격하여 백등白登의 치욕을 갚으려 할 때 한나라의 세력이 흉노의 열 배였으나 도리어 식式은 지혜로운 자라도 변추邊陬에 죽는다. 재산이 있는 자는 마땅히 재산을 내놓으라고 하였다. 이는 즉시 식이 한족에 대하여 그 의무를 다하려고 한 바이다. 지금 우리 민족은 그렇지 않아서 지략이 있는 자라도 이를 개인의 재력으로써 능히 이룰 바 아니라 하고 이의 연조捐助를 동의하지 않고 있다. 우리 동포의 생각지 못함이 어찌 이다지 심하냐. 백의 하나를 들어 무리를 지어도 오히려 여유가 있다.

재물로써 보조를 하여도 힘이 부족함이 아니다. 단지 부족한 것은 일치한 열성이 없는 것이다. 이 어찌 통곡하고 울 일이 아닌가. 바라건대 우리 동포는 식의 마음으로서 마음을 지녀 지혜가 있는 자는 서로 충정을 알리고 비밀리에 단결하여서 본회의 의로운 깃발이 동쪽으로 가리킬 때를 기다리고 재력 있는 자는 각기 의무를 다하여 미리 저축을 하여서 본회의 요구에 응하라. 나라는 회복할 것이오 적은 멸할 것이오 성공은 약속하여 기다릴 것이다. 어찌 쾌하지 아니하고 어찌 장하지 아니한가. 만일 흉적에 아부하여 기밀을 누설하여 화를 동포에 끼치고 또 본회의 규약에 따르지 않고 기회를 그릇되게 하는 자 등의 제재 방법에 대해서는 본회의 정해진 규칙이 마땅히 있다. 명호嗚呼라. 우리 동포는 스스로 오해함이 없이 성심열혈로써 기회에 부응하여 방조幇助를 주고 각각 천직을 다하기를 바란다. 동東으로 향하여 눈물을 닦으매, 심흉心胸이 막히어 이를 재裁할 것을 알지 못하노라.

광복회 창립 제십삼년 정사丁巳 팔월 일

광복회(인)

주의사항

제1 본회 회원은 본국 각 지방에 산재하여 각 위位의 행동을 사찰查察하는 것이니 본회의 명령을 굳게 지켜 항상 비밀을 지킬 것

제2 본회에서 지정한 할당 금액은 반드시 음 8월까지 준비하여 본회의 청구를 기다릴 것

그런데 김한종이 배포한 '고시'의 내용은 위와는 다르다. 김한종은 1917년 음력 11월 자택에서 '고시'라는 이름 아래 광복회 지령원 변창희의 명의로, "강토는 빼앗기고 왕통은 정복되어 생령은 도탄의 고통을 당하고 있음을 차마 볼 수 없고, 당시 천재는 빈번히 도쿄東京를 휩쓸고 있으므로 이 호기를 놓쳐서는 안 된다. 여기서 분연히 궐기하여 이의 회복을 기도하려는 것이다. 동포들은 각자 그 능력에 따라 이를 원조하고, 특히 재력 있는 자는 재물로 원조하여야 한다. 이것이 바로 의연금을 요구하는 이유이며, 각자는 이에 대해 지연 태만함이 없기 바라며 만일 위반할 때는 본회 군율에 따라 처단한다"는 내용으로 되어 있다.

한편 일제의 재판 판결문에는 광복회가 작성한 각각 문서의 요지가 기록되어 있다. 그 내용은 다음과 같다.

경고

의연금을 출금하여 광복회를 원조하되, 만일 응하지 않을 때는 후일 후회할 것이다. 그리고 그 출금 기일을 경과할 때는 군율에 의해 처단할 것이다.

경고문

모사謀事는 사람에 달려 있고 성사는 하늘에 있으므로 충의의 선비를 모아 민국民國을 조직하고 병사를 기르고 농회農會를 개창開彰하는 데 있어 가장 어려움은 역시 금전이다. 여기에서 생각 끝에 유지 자산가들에게 간청하여 원조를 구하게 되었기, 이 경고에 위배하거나 불응하지 않으면 첫째는 국가의 행복이요, 둘째는 귀하의 생색이 될 것이니, 보통 세상의 예사로운 자들과 동일시 말고, 얼마간의 금액을 며칠까지 준비하여 본회 간사인의 지시를 기다려 서둘러 율령 시행과 같이 이행해 주기 바란다. 만일 반동으로 놀거나 또는 본 회원에게 조금이라도 해를 끼치는 자 있으면 즉시 본회로부터 결사단을 파견하여 보복할 능력이 완전하므로 십분 유의하기 바란다.

경고문

조선은 일본에 병합되어 우리들 조선인은 분개 막심하다. 무릇 사람으로서 그 국가 없는 사람이 없다. 따라서 우리는 전력을 다해 국권을 회복하지 않으면 안 된다. 이러기 위해서는 군자금이 필요하므로 각자 의연금을 내달라.

의연금 배정액은 자산의 정도에 따라 차등을 두었다. 포고문 수령자의 경우 5만 원에서 10만 원, 경고문과 고시문 수령자들은 2천 원에서 2만 원 정도로 액수를 정했다. 포고문의 발송은 두 차례에 걸쳐 이루어졌다. 1차는 경상도 지역의 자산가들에게 발송되었다. 채기중은 1917

년 6월 자산가 조사를 시작해 '경상북도 15군 조사기'를 작성했고, 우재 룡은 이를 근거로 1917년 8월 말 신의주와 단둥 등에서 발송했다. 2차 는 충청도와 강원도 자산가들에게 발송되었다. 충청도 지부원 엄정섭· 김한종·장두환은 충청도 자산가 명단을 작성했고, 강원도 지부장 김동 호는 강원도 자산가 명단을 작성했다. 이들이 작성한 명단은 박상진을 통해 우재룡에게 전달되었고, 우재룡은 1917년 12월 말부터 1918년 1월초 안동현 일대에서 발송했다.

'경고'는 경상도와 전라도 지부에서 발송한 통고문이다. 채기중을 비 롯해 유창순·윤창하·정세여·정진화·조용필은 1917년 10월 10일부 터 20일 사이 경고문을 작성해 경북 일대의 소자산가들에게 발송했다. 전라도 지부에서는 지부장 이병찬이 1918년 1월 명단을 작성했고, 이 를 근거로 채기중·김용한이 경고문을 제작하고 발송했다.

'고시'는 충청도 지부에서 소자산가들을 대상으로 발송한 통고문이 다. 김한종은 1917년 11월초(음) 고시문을 작성했고, 정태복은 자신이 근무하던 면사무소 등사기를 이용해 200여 매의 고시문을 등사했다. 이 고시문은 '주의사항'이 첨부되어 충청도 자산가들에게 발송되었다.

'지령'은 충청도 지부에서 포고문 수령자들에게 발송한 통고문이다. 충청도 지부에서 지령장을 다시 보낸 이유는 포고문을 수령하고도 의연 금을 내지 않는 부호들이 많았으며, 이들이 일제 경찰에 신고함으로써 생길 수 있는 문제를 예방하고 자금 모금을 원활하게 하고자 한 것이다. 이러한 지령장은 다른 지부와 달리 충청도 지부의 활동에서만 찾아볼 수 있는 특징적인 문서이다.

'배일파'는 황해도 지부에서 자금과 회원 모집에 사용했던 통고문이었다. '배일파'는 부호들에게 발송한 것으로 보이지 않으며 지부원들이 자금 모집 시에 직접 모집 대상에게 제시하고 자금을 요구하였다. '배일파'의 내용 가운데에는 지부원으로 가입을 권유하는 내용도 삽입되어 있어, 가입증서를 겸한 통고문이었다고 할 수 있다.

광복회는 1917년 4월(음) 화폐를 위조해 이를 정화正貨로 바꾸어 사용하려는 계획도 추진했다. 중국 단둥에서 유통되는 중국 지폐를 위조한 후 정화로 교환하여 자금으로 사용하려던 것이었다. 이 계획은 김좌진이 중심이 되어 각지의 동지들을 포섭하여 추진하였다. 그러나 1918년 1월 하순, 이 사실을 알고 수사를 해 온 종로경찰서 형사들에 의해 서울에 잠복해 있던 회원의 정체가 드러나며 계획이 탄로나 13명이 체포됨으로써 실패하고 말았다. 위폐 제조를 통해 자금을 마련하려는 시도는 국내에서도 이루어졌다. 김석연·이기정·이철순 등은 당시 국내에서 유통되고 있던 일화日貨 50전 은화를 위조하려는 계획을 세웠다. 이들은 실제로 위조를 시도해 동전 제작에 성공했으며, 이를 대량으로 제작하기 위해 기계 구입비용을 마련하고 설계까지 마쳤으나 일제에게 발각되어 뜻을 이루지 못했다.

위폐의 제조는 독립운동 군자금 마련의 주요 방편으로, 독립운동 시기에 여러 차례 시도되었다. 예컨대 구한국 진위대 2등 군의軍醫 출신으로서 재판소 서기와 측량사로 활동하던 안우선安祐璿은 임시정부 자금 지원을 위해 자신의 집에 인쇄기를 설치하고 중국 지폐를 위조하다가 1919년 10월, 9명의 동지들과 함께 경상북도경찰부에 체포되기도 하였다. 또한 직접적인 위폐 제조와는 약간 다르나, 신채호가 아나키즘운동을 실천하기 위해 외국환 위조 위체爲替를 발행하여 군자금으로 활용하려 한 것도 유명한 일이다.

독립운동 세력에 있어서 위폐의 제조는 군자금을 일시에 마련할 수 있는 매우 효율적인 방책이었다. 그러나 만약 발각되면 조직이 와해되는 위험 부담이 매우 큰 방법이기도 하였으나, 독립운동 세력들은 위폐 제조를 독립운동의 중요한 방법론으로 인식하였다. 신채호는 국제 위체 사기가 나쁜 일이 아니냐고 추궁하는 일본인 판사에게 "독립을 이루기 위해 취하는 수단은 모두 정당한 것이니 사기가 아니며, 양심에 부끄러움이나 거리낌이 없다"고 대답하였는데 독립운동 세력에 있어서는 조국 독립이 최상의 지상 과제였던 것이다.

의협투쟁을 벌이다

박상진은 1916년 음력 6월, 단둥에서 이관구 등과 함께 조선 총독 처단 계획을 세웠다. 이는 이관구가 자신의 독립운동을 7차로 설명한 것 중 5차 활동을 말한다. 박상진은 이관구에게 권총 2정을 주었고, 성낙규와 조선환은 각각 권총 1정씩 지니고 안중근 의거를 떠올리며 서울로 잠입하였다. 곧이어 이관구도 서울로 왔으나, 총독 처단 계획은 실행에 옮기지 못하였다. 이에 박상진은 권성욱權成旭을 보내 권총을 회수하여 군자금 모금과 친일파 처단에 사용하고자 하였는데, 이 일로 말미암아 그는 총포화약령위반으로 체포되어 6개월 형의 옥고를 치렀다. 일제는 조선

총독 처단 계획에 대해 특히 엄밀하게 취조를 벌였으나, 행동으로 옮긴 형적은 없다고 파악하였다.

　광복회는 친일적 인물들을 처단하는 의협투쟁을 벌였는데 이는 군자금 모금 활동의 효과를 거두기 위한 격렬한 투쟁 방식이었다. 즉, 광복회는 자신들이 군자금 기부를 요구한 자산가들이 이에 응하지 않고 저항하거나 오히려 일제에 밀고할 경우, 이들을 응징 처단함으로써 자산가들에게 경각심을 일깨우고자 하였다.

　당시 광복회의 처단 대상으로 지목된 인물은 칠곡의 장승원張承遠, 아산군 도고면장 박용하朴容夏, 보성의 양재학梁在學, 벌교의 서도현徐道賢 등이었다. 박상진은 권성욱에게 권총을 주어 1916년 6월 하순과 7월 하순(음) 2차에 걸쳐 장승원을 처단하도록 하였으나, 첫 번째는 장승원이 부재 중이었고 두 번째는 소작인들이 모여 있어서 모두 실패하고 말았다. 그러자 박상진은 '대구권총사건'으로 옥고를 치르고 출옥한 1917년 11월 10일, 채기중에게 장승원의 처단을 재차 명령하였다. 이에 채기중은 유창순庾昌淳·임봉주林鳳柱·강순필姜順必과 함께 장승원의 집으로 가서 그를 사살하고 현장에 광복회원이라는 격문을 남기고 돌아왔다.

　박상진이 장승원을 처단하도록 명한 것은 스승 허위와의 약속을 저버린 배신행위를 응징하기 위해서였다. 게다가 장승원은 숱한 비행을 저지른 자였는데 일제의 '광복회사건'에는 장승원의 비행에 대해 다음과 같이 기록하고 있다.

　지난 날 한국의 국정이 문란하고 정부가 함부로 관직을 매매하여, 당시 경북 칠곡군의 장승원은 허위許蔿로부터 20만 원의 시가를 가진 경상도 관찰사의 직을 얻고자 유사시에 돈을 내놓을 것을 약속했음에도 불구하고 장승원은 관찰사 취임 후 허위의 말을 받아들이지 않고, 교만한 태도가 심하였으며, 뒷날 허위가 죽은 뒤 그의 친형 모(이름 불상)가, 허위의 유지를 이어 의병을 일으킬 자금을 요구함에 이에 응하지 않고 관헌에 밀고했다. 또한 장승원은 이왕 전하의 토지를 편취하는 불충한 자였다. 대정 5년 음 5월 하순에 경상북도 왜관에 사는 김요현金堯賢의 처 이성녀李性女를 불법으로 구타하여 즉사시키고도 많은 돈으로 의사에게 병사한 것으로 검안을 받아내는 등 비행을 일일이 헤아리기 힘들 만큼 많이 저질렀다.

도고면장 박용하 처단은 1918년 1월 24일 김한종과 장두환이 주도하여 결행하였다. 김한종은 예산의 박朴 면장과 유柳 전 도장관이 악질적 친일 인물이기 때문에 이 둘 중에 한 사람을 처단하면 예산은 면 전체가 발칵 뒤집혀 광복회의 요구에 응할 것이라고 여겼다. 이 중 광복회가 박용하를 처단 대상으로 선택한 것은 그가 광복회의 통고문을 받고 이를 일본 헌병에게 밀고하였기 때문이다. 또한 그는 면장으로서 면 서기의 사택을 빼앗아 자기 사택으로 하여 그 가족을 거지와 같이 만들었고, 전 면장을 음해하여 옥사시키는 등 지역사회에서 지탄받는 패악 행위를 자행한 것도 처단 이유의 하나였다. 따라서 김한종은 박용하가 군자금을 내든지 안 내든지 처단하라고 명령하였던 것이다.

김한종과 장두환은 김경태金敬泰와 임봉주林鳳柱(일명 임세규林世圭)에게 우재룡이 전달한 권총으로 박용하를 처단하도록 지시하였다. 김경태와

광복회의 의열투쟁 기사(『매일신보』 1917년 11월 15일)

임봉주는 도고면 성문영의 집에서 사형선고문에 박용하의 이름을 쓴 뒤 박용하의 집으로 갔다. 박용하는 의연금을 내겠으니 기한을 연기해 달라고 했으나 김경태와 임봉주는 '본 회 지령 위반인 고로 사형에 처함. 우리 동포들은 경계하고 경계할지어다惟我同胞戒之戒之. 광복회 지령원'이라는 내용의 사형선고문을 낭독하고 권총 두발을 발사, 복부에 명중시켜 그를 처단하였다. 그들은 사형선고문을 박용하의 집 추녀 끝에 매달

아 두고 나옴으로써 그의 처단이 광복회의 활동이었음을 당당히 밝혔다. 물론 이 사건의 배후에도 박상진이 있었다.

서도현의 처단은 전라도에서 실행되었다. 이 거사는 당시 신문기사를 통해서만 알려져 주도 인물을 파악하기는 어렵다. 신문기사도 처단 시기와 주도자에 대해 1916년 2월 이병온李秉溫 외 4명, 1915년 5월 유장렬 외 2명 등으로 다르게 보도하였다. 또한 시기를 1917년 5월, 1916년 5월로 보도한 기사도 있다. 그리고 이 사건과 연계된 것으로 보이는 서도현의 조카로서 그의 자금을 관리하고 있던 서인선을 납치해 군자금을 모금한 사건도 1916년 12월, 1918년 12월, 1917년 1월 등으로 보도되었다. 그러나 서도현의 처단은 서인선 납치 사건이 일어난 1917년 1월 1일 이전에 발생한 것으로 이해해야 할 것이다.

조직의 와해와 계승 단체의 활동

일제가 최초로 광복회를 주목하고 엄중한 수사를 시작한 것은 1917년 10월 14일 평안북도 정주읍에서 광복회 명의로 경상북도 대구부 경정 이정목 거주 자산가 서창규에 대하여 군자금을 요청하는 통고문이 우송되면서부터이다. 그런데 그 달에 경상남도에서도 같은 문서가 발견되었고, 이듬해 1월까지 경상북도에서 20여 통, 충청남도에서 40여 통, 서울에서 4통이 잇달아 발견되자 수사를 전국으로 확대하였다.

그러던 1918년 1월 24일 도고면장 박용하 처단 사건이 발생하자, 일제는 일제 수색을 실시하여 27일, 천안군 성환면에서 이 사건의 주역인

장두환을 체포하여 천안헌병분대로 끌고 가서 심문하였다. 그 결과 광복회의 실체가 드러나게 되자, 일제는 경기도와 경상북도경무부 등에 연락을 취하여 대대적인 회원 색출 작업에 나섰다.

당시 일제가 파악한 광복회 관계자 61명의 명단은 다음과 같다.

경북 경주군 외동면 녹동	주괴主魁	박상진(35)
충남 예산군 광치면 신흥리		김한종(35)
천안군 성환면 삼룡리		장두환(25)
청양군 적곡면 관현리		김경태(39)
천안군 수신면 복다회리		유창형(38)
홍성군 장곡면 신풍리		정태복(31)
천안군 북면 매송리	백초百草	권상석(54)
천안군 성환면 삼룡리		조종철(26)
예산군 광치면 신흥리		김상준(31)
청양군 비봉면 청수리		황학성(35)
천안군 천안면 성정리		성달수(46)
예산군 광치면 신흥리		김재풍(30)
예산군 광치면 신흥리		김재창(30)
천안군 성환면 삼룡리		류중협(28)
예산군 광치면 신흥리		김재정(57)
예산군 광치면 신흥리		김원묵(26)
예산군 광치면 신흥리		김재철(46)

예산군 도고면 석당리	성문영(32)
청양군 적곡면 화산리	기재연(48)
청양군 적곡면 관현리	홍현주(36)
경북 안동군 풍서면 가곡동	권준흥(38)
안동군 풍남면 하회동	류시만(56)
안동군 풍서면 가곡동	권준희(71)
예천군 지보면 지보리	조용필(52)
예천군 동면 신풍리	윤창하(35)
영주군 풍기면 동부동	문봉래(49)
영주군 풍기면 서부동	채경문(39)
청도군 매전리 남막동	이연희(38)
강원도 삼섭군 노곡면 하군천리	김동호(42)
충남 예산군 광치면 신흥리	김재인(34)
공주군 반포면 영곡리	신태응(54)
청양군 적곡면 분향리	강순의(39)
경북 영주군 풍기면 서부동	재하在夏 조용구(17)
충남 예산군 광치면 신흥리	김성묵(57)
예산군 신양면 가지리	이재덕(29)
아산군 송악면 동화리	강석주(22)
예산군 광치면 신흥리	김완묵(50)
연기군 전의면 읍내리	박장희(24)
연기군 전의면 읍내리	김영환(28)

천안군 목천면 삼성리	이재호(47)
연기군 전의면 동교리	정래붕(33)
홍성군 금조면 화양리	안창수(35)
홍성군 장곡면 도산리	김창규(39)
아산군 도고면 시전리	조봉하(17)
천안군 동면 죽계리	이덕재(연령 불상)
경성부 인사동	어재하(25)
충남 아산군 염치면 방현리	정우풍(40)
경북 경주군(이하 불상)	우리견(연령 불상)
함창군 이안면	채기중(53)
함창군 이안면	권영묵(연령 불상)
함창군 이안면	강정만(30)
함창군 이안면	권중식(27)
안동군(이하 불상)	권의식(24)
안동군(이하 불상)	채소몽(40)
안동군(이하 불상)	정송산(54)
안동군(이하 불상)	강 모(연령 불상)
경남 초계군 중동면 중동리	노재성(28)
경북 함창군 이안면 소암리	강순필(35)
안동군 동후면 도곡리	이종영(40대)
문경군 농암면 율수리	신철균(30)
풍기군 읍내리	정성산(50)

광복회원의 판결내용 기사(『독립신문』 1919년 10월 10일)

충남 아산군 송악면 외암리　　　　　이각렬(33)

　　체포된 광복회원들은 각지에서 재판에 회부되었다. 공주지방법원에서는 40명이 예심에 회부되어 홍현주·권준흥·김재정·기재연·이정희·최준·김노경·강병수가 면소되고, 나머지 박상진·채기중·김한종·장두환·유창순·임세규·권상석·김경태·김재창·손기찬·조종철·김재풍·강석주·성문영·조용필·이재덕·김상준·정태복·황학성·김동호·윤창하·정진화·유중협·김원묵·김재철·성달영·조재하·정우풍·이병호·최면식·신양춘·정운기 등 32명이 1919년 2월 28일 재판을 받았다. 경성복심법원에서 채기중은 사형, 유창순은 10년, 장두환은 7년, 손기찬·김재풍·윤창하는 태 90 선고를 받았고, 나머지 인물들은 항소가 기각되었다. 이후 박상진·채기중·김한종·임세규·김경태·김재창이 고등법원에 상고했으나 박상진과 김한종은 대구복심법원으로 다시 환송되고 나머지 인물들은 상고가 받아들여지지 않아 형이 확정되었다. 대구복심법원으로 환송된 박상진과 김한종은 재심을 거쳤으나 결국 기각되어 사형이 확정되었다.

황해도·평안도 지부원들은 해주지방법원과 평양복심법원에서 판결을 받았다. 그러나 이들의 판결문을 찾을 수 없어 재판 사항은 알 수 없다. 다만 『의용실기』에 이관구가 2년, 박원동이 5년, 성낙규가 7년, 오찬근이 15년, 이근영이 5년형을 선고받은 것으로 기록되어 있어 그 대강을 알 수 있을 뿐이다.

이로 인해 광복회의 활동은 크게 위축되었다. 대부분의 지도부가 체포되었고, 체포를 모면한 사람들은 은신하여 조직은 사실상 와해된 것이나 다름없었다. 그러나 이들의 투쟁정신과 활동은 이후 1920년대의 비밀결사로 이어졌다. 체포를 모면한 회원들도 활동을 재개하였는데, 우재룡과 권영만은 주비단籌備團을 조직하였고, 한훈은 광복단결사대光復團決死隊를 조직하여 활동을 펼쳤다. 광복회 후속 단체인 이들의 활동은 대한민국임시정부와 일정한 연계 하에 진행되었다.

우재룡과 권영만은 3·1운동 이후인 1919년 6월부터 안종운安鍾雲·이재환李載煥·소진형蘇鎭亨 등과 논산 일대에서 군자금 모금에 착수하며 활동을 재개했다. 군자금 모금 방법은 광복회와 같았다. 즉, 먼저 부호

광복회의 추이를 보도한 기사(『동아일보』 1921년 12월 25일)

들에게 자금 요구장을 발송하고 일정한 시간이 지난 뒤에 그 집을 방문해 받아가는 방식이었다. 이들은 6천 원을 모금하여 임시정부에 전달하기도 하였다.

이들은 활동 영역을 넓혀 서울로 조직을 확대하기 시작했다. 이들은 임시정부와의 연계를 도모했고, 이를 위해 장응규張應圭를 임시정부에 파견했다. 장응규는 여운형의 친척인 여준현呂駿鉉의 소개편지를 가지고 3월 하순 진남포에서 중국 기선을 타고 상하이로 갔다. 장응규와 여준현 등은 경성신문사를 매수하여 이를 근거로 비밀결사를 조직하려다가 실패한 적이 있었다. 장응규는 임시정부에서 여운형, 서병호 등을 만나 '경성에서 주비단을 조직하여 조선독립운동을 전개하라'는 지시를 받고 임시정부가 만든 '주비단규칙서'를 가지고 1920년 6월 상순에 귀국하였다. 이에 따라 1920년 6월 서울 경신학교 교정에서 주비단이 조직되었다. 주비단은 조직을 갖춘 후 따로 행동강령이나 규칙을 정하지 않고 임시정부에서 보내온 주비단규칙서를 그대로 따르기로 하고 주비단 조직 사실을 임시정부에 알렸다. 주비단의 초기 조직은 다음과 같다.

사령장	심영택沈永澤(후에 이민식李敏軾)
부사령장	안종운
참모장	이민식(후에 신석환申奭煥)
재무부장	여준현
교통부장	장응규

후에는 소진형이 주비단장을 맡고, 이민식이 서기를 담당하기도 하였다. 주비단의 주요활동은 군자금 모금이었다. 주비단은 임시정부에서 보내온 공채를 매각하는 방법으로 자금을 모금했다. 군자금 모금 때에는 군정서총사령관의 인장을 새기고, 활자를 구입하여 주비단장의 사령과 기타 문서를 인쇄하기도 하였다. 또한 이들은 효율적인 군자금 모금을 위해 폭탄을 입수하거나 제조하려고도 하였다. 그러나 1920년 12월 28일 관련자가 체포되어 경기도경찰부에 송치됨으로써 주비단은 해체되고 말았다.

광복단결사대는 전라도 지부에서 활동했던 한훈이 조직한 비밀결사이다. 한훈은 1918년 광복회가 일제의 탄압을 받아 회원들이 체포되자, 만주로 망명했다. 한훈은 1920년 2월 상하이로 건너가 대한민국임시정부 요인들에게 광복단결사대 계획을 논의한 후 이해 3월 귀국해 박문용 등과 함께 광복단결사대를 조직했다. 광복단결사대는 한훈이 지도부 구성을 둘러싸고 우재룡과 갈등이 있자 이탈하여 조직한 단체로서, 조선총독 및 친일 관리들의 처단과 군자금 모금을 목표로 정하고 활동을 시작했다. 한훈은 광복단결사대 결성 직후 고제신·임성태 등과 전북 전주·군산·김제, 전남 광주 등지에서 군자금 모금 활동을 벌였다.

같은 해 8월, 광복단결사대는 김상옥의 암살단과 연합했다. 이들은 1920년 8월 미국 의원단의 방한 때 남대문 역으로 환영 나온 조선 총독과 정무총감 등을 처단할 계획을 수립했다. 그러나 미국 의원단 도착 하루 전인 8월 23일, 일제의 예비검속으로 한훈을 비롯한 단원들이 체포되면서 조직이 해체되고 말았다.

해방 이후 광복회원들은 서울을 중심으로 다시 결집하였다. 1945년 10월 우재룡·이관구·권영만·이정희 등이 중심이 되어 광복회를 재건하였고, 한훈·양한위·엄정섭 등이 중심이 되어 광복단을 재건하였다. 재건광복회는 전라도와 충청도에 지부를 설치하고 순국선열에 대한 추모와 신국가 건설에 이바지한다는 목적을 내세우며 활동을 시작했다. 이처럼 광복회가 해방 후 서로 다른 조직을 재건한 것은 3·1운동 후 활동을 재개하는 과정에서 야기된 지도부의 갈등이 원인이었던 것으로 보인다. 재건광복회는 산남의진 위령제와 대한무관학교 경영에 참여하던 중 1946년 3월 해체되어 활동이 중단되었다.

08 대장부로 태어났건만

체포되어 순국까지

박상진은 두 차례에 걸쳐 구속되었다. 1916년 말, 이른바 '대구권총사건'으로 구속되어 총포화약류 단속령 및 동시행규칙 위반죄로 대구지방법원에서 징역 6월형을 선고받고 미결구류일수 1백일을 산입하여 옥고를 치르고 1917년 7월 출옥하였다.

장승원과 박용하 처단사건으로 광복회의 실체가 드러나 전국적으로 회원 검거 바람이 몰아치는 살벌한 상황이 벌어지자, 박상진은 안동 하계마을의 이동흠의 집으로 피신하였다. 이동흠은 경술국치에 분발하여 단식 순국한 향산 이만도李晩燾의 손자이자 광복회 경상도 지부원으로서 봉화의 부호 이정필李廷弼에게 군자금 요구서를 발송하였던 인물이다. 그가 안동으로 피신한 것은 선대부터 관계를 맺어 온 안동유림과의 관계 때문이었다. 박상진은 그곳에서 열흘 남짓 지내며 만주 망명의 기회를 노렸다. 그는 낮에는 토굴에서 은신하고 있다가 밤이 되어서야 이동흠의 사랑채로 들어가 한겨울의 추위를 녹이곤 하였다. 경주의 집에는 비밀리에 사람을 보내 자신이 이곳에 머무르고 있음을 일러두었다. 당시 박상진을 보살펴 준 사람은 다름 아닌 이동흠의 어머니로서 예안의 3·1운동을 주도하다 체포되어 모진 고문으로 실명한 여성 독립운동가 김락金浴이었다.

그러던 중, 박상진은 경주에 있는 어머니가 위급하다는 전갈을 받았다. 위험하니 가지 말라는 주변의 만류에도 불구하고 박상진은 1918년 2월 1일 경주 녹동 자신의 집에 나타났다. 그러나 그 사이 생모는 이미 세상을 떠나 출상하기 하루 전이었다. 박상진은 잡힐 것을 뻔히 알면서도 자식으로서의 도리를 다하기 위해 죽음의 길로 스스로 걸어간 것이었다. 그는 한국인 순사의 밀고를 받고 대기 중이던 일본 경찰에 즉각 체포되었다.

이후 박상진은 공주지방법원 – 경성복심법원 – 대구복심법원 – 고등법원을 거치며 재판을 받았다. 현재 남아 있는 그의 판결문은 「공주지방법원 예심결정서(1918. 10. 19)」, 「경성복심법원판결문(1919. 9. 22)」, 「고등법원판결문(1920. 3. 1)」, 「대구복심법원판결문(1920. 9. 11)」, 「고등법원판결문(1920. 11. 4)」 등이다.

박상진은 1919년 2월 28일, 공주지방법원에서 보안법위반 공갈 살인 방화 강도 범인장닉 총포화약류취체령위반 횡령 피고사건으로 합의부 공판에 회부되어 사형선고를 받았다. 이어 이해 9월 22일 경성복심법원에서 공소가 기각되어 또한 사형선고를 받았다. 그는 이에 불복하여 김한종과 함께 상고하였는데, 1920년 3월 1일 고등법원은 경성복심

박상진과 김한종의 공판 기사(『동아일보』 1920년 8월 28일)

법원 선고의 일부를 파기하고 대구복심법원을 관할 법원으로 지정하여 이송하였다.

1920년 8월 25일 오전 10시, 대구복심법원 제1호 법정에서 박상진과 김한종이 간수의 호위와 경찰의 경계 하에 입장하여 착석하자 심리가 시작되었다. 박상진의 변호인인 양대경梁大卿은 경성복심법원의 박상진 판결 죄명이 강도 살인이 아니라 단순한 내란죄이므로 고등법원에서 심리해야 하는데 대구복심법원에서 심리하는 것은 위법이라며 관할 문제를 따졌다. 이 때 무라카미村上 검사가 박상진은 국권회복을 도모할 인격이 아니라는 박시규의 진술과 박상진과 다른 증인들의 발언을 인용하여, 그의 행위를 국권회복운동이 아니라 손실한 재산을 회복하는 것에 지나지 않는다는 취지의 발언을 하였다. 이는 박시규의 구명 활동의 결과라 여겨진다. 이어 변호인 양대경이 나서 박상진의 행위는 채기중·유창순·우리견의 협박에 의한 것이라 당연히 무죄이며, 만일 유죄라 하더라도 관할이 잘못된 것임을 다시 주장하였다. 양대경의 박상진 무죄 주장은 변호인으로서의 변론임을 감안하여 이해하여야 할 것이다. 결국 9월 11일, 대구복심법원에서도 사형이 확정되자, 박상진은 김한종과 함께 고등법원에 상고하였다.

그런데 재판과정에서 박상진도 자신의 광복회 활동을 전면 부정하는 듯한 발언을 하고 있어 의아하다. 이는 그의 고등법원 상고 취의에 잘 나타난다. 즉, 박상진은 자신에게 사형을 선고한 이전의 판결은 채기중·유창순·김한종·김동호 등이 광복회에 적극 찬동하지 않은 자신에게 원한을 품고 보복하기 위해 불리하게 진술한 무소誣訴에 의한 것이라며 자신의 억울함을 주장하였다. 또한 자신의 광복회 활동과 관련한 발언은 경무부에 체포되었을 당시 고문에 의한 진술이기 때문에 사실이 아니라고 주장하며 상고를 하였던 것이다. 물론 고등법원에서 그의 상고 취의는 모두 원심을 비난한 것에 불과하므로 증거와 이유가 없다며

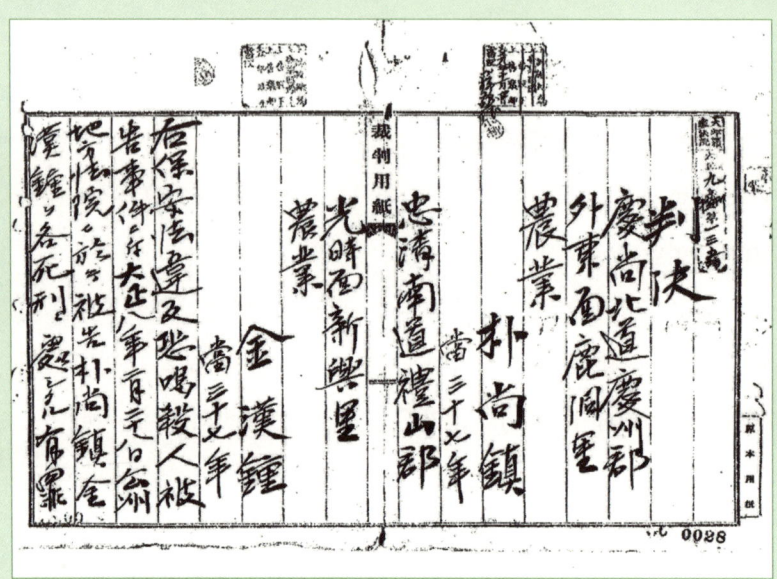

박상진의 사형을 확정한 대구복심법원판결문(1920년 9월 1일)

박상진의 사형판결 기사(『동아일보』 1920년 9월 14일)

받아들여지지 않았다.

　이 같은 박상진의 상고 취의를 액면 그대로 받아들여서는 안 된다. 박상진은 재판이 시작될 무렵인 1918년 2월 동생인 현진玹鎭과 호진琥鎭에게 편지를 보냈다. 그는 편지에서 자신이 범한 죄가 가볍지 않아 무사하게 고향에 돌아가기를 바랄 수 없으니 어찌 통탄할 일이 아니겠느냐고 하며, 비록 죄가 있다 하더라도 또한 이를 해명할 여러 조항들이 있을 것이니, 실력 있는 변호사를 선택하지 않으면 안 될 것이라고 하였다. 그러기 위해서는 일본 도쿄의 법학박사를 변호사로 선임하라고 하면서, 그 경비는 최준과 상의하도록 부탁하였다. 그는 동생들에게 자신의 말을 예사롭게 듣지 말고 반드시 시행해 달라고 간절히 말하였다. 이 편지로 보면 박상진은 일제가 자신의 광복회 활동에 대해 사형을 선고할 것을 예상하고 법정투쟁을 각오하였던 것으로 보인다. 따라서 법정에서 그의 발언과 상고 취의는 자신을 보호하기 위한 인간의 본능적 행위로 이해해야 할 것이다. 또한 우재룡 등 동지들이 법정에서 박상진을 부정적으로 답변한 것도 총사령을 사형으로부터 구하고 후일을 도모하려 한 것으로 보는 것이 타당할 듯하다.

　박상진이 옥중에서 부친에게 쓴 편지를 보면 그의 법정 발언과는 사뭇 다른 면모를 보인다. 박상진은 옥중에서 부친 박시규에게 세 차례 편지를 보냈다. 박시규가 지은 「제망자상진문祭亡子尙鎭文」에 기록된 박상진의 편지 내용은 다음과 같다.

　첫 번째 편지에는 "몸을 깨끗이 갖고 죽는 것이 저의 소원입니다. 어찌

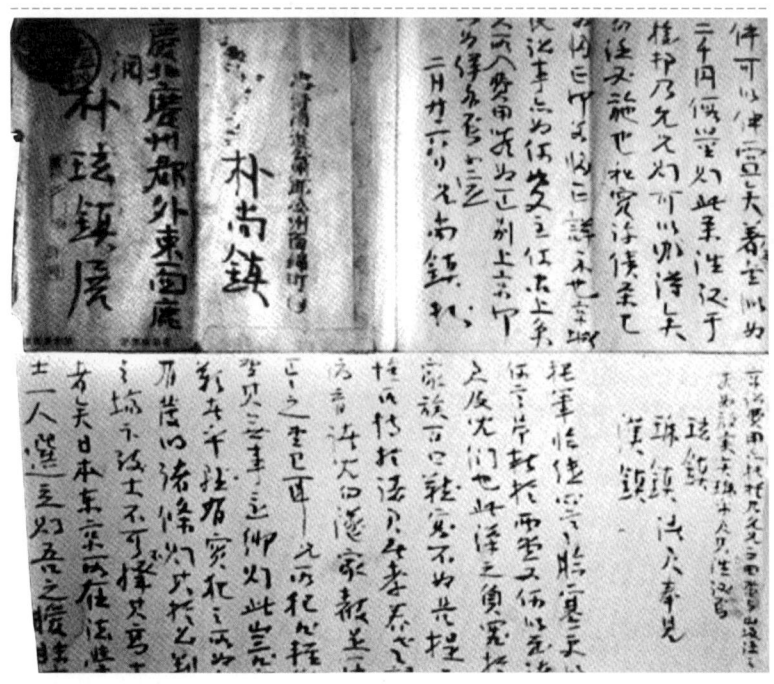

박상진의 친필 편지

구구한 짓을 할 필요가 있겠습니까?"라고 하였고, 또 두 번째 편지에는 "죽으면 죽었지, 저들과 더불어 삶을 구한다면 사는 것이 죽는 것만 못합니다. 본래부터 이렇게 결정한 저의 마음을 왜 모르십니까?"라고 하였으며, 또 세 번째 편지에는 "만약 제가 불행하게 되면, 먼 만 리 밖에서 허탈해 하실까 늘 밤낮으로 걱정입니다. 빨리 돌아오셔야만 한 번 만나 뵙고 영결永訣 말씀을 여쭐 수 있겠습니다. 이것이 바로 저의 소원입니다."라고 했기에, 나는 즉시 돌아와 옥중으로 들어가 너를 만났었다. 그랬더니 너는 눈물만 철철 흘리면서 "저의 원하는 것이 다 이루어졌습니다."라고 했었다.

이에 의하면 박상진은 자신의 광복회 활동을 당당하게 여겼고 본래부터 구구하게 목숨을 구걸하지 않고 의연하게 죽고자 소원하였으며, 따라서 아버지가 자신을 위해 구명활동을 벌이는 것을 반대하였음을 알 수 있다. 또한 죽기 전에 마지막으로 부친을 만나보고 싶은 간절한 자식의 마음도 느껴진다.

생부 박시규의 아들 구명 활동은 눈물겨웠다. 그는 법정에 여러 명의 변호사를 투입하였다. 공주지방법원에서는 이기찬李基燦·권병훈權丙勳·다카하시 아야노스케高橋將之助가, 고등법원(1차)에서는 이승우李升雨·오오쿠보 마사히코大久保雅彦이, 대구복심법원에서는 양대경이, 고등법원(2차)에서는 양대경과 안가시태랑安佳時太郎이 변론을 맡았다. 한국인은 물론 일본인 변호사까지 동원하였던 것이다. 따라서 박상진의 법정 발언은 이러한 변호인들의 조력에 의한 것으로 이해된다.

박시규는 대구복심법원에 이어 고등법원에서도 박상진에 대해 사형판결이 나자, 전방위적인 구명운동을 펼쳤다. 그는 사이토齋藤實 총독이 경주를 순시 차 방문한다는 소식을 듣고는 탄원서를 작성하여 전하려다 일경에게 발각되어 실패하였다. 그는 이에 굴하지 않고 일본으로 건너가 하라 다카시原敬 총리대신에게 줄을 대어 간청하기도 하였다. 한편 경주 출신 남작 이규환李圭桓 등 유생 100여 명이 연명을 하여 조선총독부에 박상진의 감형을 호소하는 장서를 제출하였는데, 이 또한 박시규

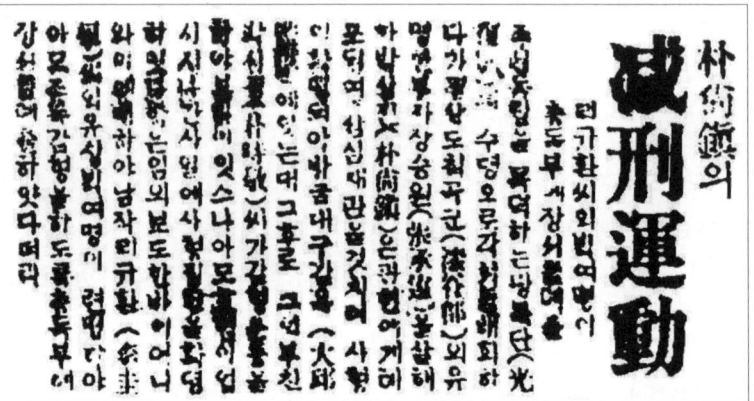

생부의 박상진 구명활동 기사(『동아일보』 1921년 8월 10일)

의 노력의 결과로 보인다. 박시규의 구명운동 결과, 박상진의 감형 문제가 일본 각의에까지 상정되었는데 다음의 『동아일보』(1921. 8. 7) 기사는 그런 정황을 잘 알려준다.

박상진은 관헌에게 체포되어 삼심 재판을 거치어 사형이 확정되어 방금 경성감옥에 왔는데 그 후 수십만 원의 재산가인 박상진의 부친 박시경朴時敬(朴時奎의 오기)은 아들이 사형 당하는 것을 참아 안저 볼 수 없다 하야 여러 가지로 감형운동을 하야 본 일이 있으나 일본 내각에서 여러 번 회의를 한 후 지나간 4일에 사형을 집행하라는 통지가 있었음으로 결국 일간 사형을 집행하게 되었다더라.

이 기사에 의하면 박상진의 감형 문제가 일본 각의에 상정되어 여러

박상진의 사형 집행 기사(『동아일보』 1921년 8월 7일)

박상진의 사형 집행 기사(『동아일보』 1921년 8월 13일)

박상진의 사형 집행 기사(『매일신보』 1921년 8월 13일)

차례 논의되었음을 알 수 있다. 대구감옥 일본인 전옥典獄(형무소장)의 말에 의하면 박시규의 청원으로 박상진의 감형을 의논하기 위해 각의가 세 차례나 열렸다고 한다. 그러나 결국 구명운동은 실패로 돌아갔고, 8월 4일 사형집행 통지가 내려졌다. 사형집행 7일 전의 일이다.

사형 3일 전에 박상진의 동생이 대구감옥에서 그를 면회하였다. 이미 신문지상을 통해 형의 사형 확정 소식을 들은 동생은 형의 얼굴을 대면하자 눈물을 흘리며 울었다. 이 때 박상진은 "내가 지금까지 살아 있는 것도 너희와 부모를 위하여 오히려 고통을 더 받았다. 형제의 정의로는 그러하리라 만은 울 까닭은 없다"고 말하며 태연하게 웃으며 당시 11세이던 아들이 보고 싶다며 면회를 오도록 부탁하였다. 이 말을 들은 동생은 즉시 경주로 연락하여 조카가 면회를 오도록 하였으나, 곧 바로 사형이 집행되어 박상진은 마지막으로 아들을 보지 못한 채 순국하고 말았다.

박상진은 순국하기에 앞서 두 편의 시를 남겼다. 하나는 순국하기 하루 전, 또 하나는 순국 당일 지은 유시遺詩이다. 그는 이 유시에서 오직 못다 이룬 꿈을 한탄하면서 스스로를 꾸짖고 있었다.

어머님 장례 마치지 못한 채	母葬未成
나라님 원수도 갚지 못했네	君讐未服
빼앗긴 강토마저 되찾지 못했으니	國土未復
이내 몸 무슨 면목으로 저승길 걸어갈까	死何面目
다시 태어나기 힘든 이 세상에	難復生此世上

박상진의 사형이 집행된 대구형무소 사형장 터(대구광역시 중구 삼덕동)

다행히 대장부로 태어났건만	幸得爲男子身
이룬 일 하나 없이 저 세상에 가려하니	無一事成功去
청산이 조롱하고 녹수가 비웃는구나	靑山嘲綠水嚬

박상진과 김한종의 사형은 8월 11일에 집행되었다. 그러나 일제는 이 사실을 사전에 가족에게 알리지 않았다. 박상진이 오후 1시 먼저 교수대에 올랐다. 사형장 안에는 대구복심법원의 검사 구리야마栗山, 서기 기쿠가와菊川, 대구감옥 전옥이 입회하였다. 교수대에 오른 박상진의 표정은 매우 태연하였다고 한다. 그는 13분 만에 절명하였다. 이어 1시 반에 김한종이 교수대에 올라 12분 만에 절명하였다. 박상진의 유해는 당일 가족에게 인도되었고, 김한종의 본가로 사형 집행 사실이 통

지되었다. 그가 사형을 당하던 날, 대구감옥의 옥졸은 "의인義人이 죽으니 천지가 깜깜해지고 시정市井에는 점방 문이 모두 닫혔습니다"라며 울먹였다고 한다.

이날 박상진의 유해는 대구 본정에 임시로 거처를 정해 두고 있던 박시규의 처소로 옮겨졌다. 박시규는 자식의 사형 집행 사실을 이날 오후 3시에 통지받고 유해를 인수받아 자신의 임시 처소로 옮겼다. 당장 장례 준비가 되지 않았기에 바로 경주 본가로 운구하지 못하였던 것이다. 박시규는 즉시 경주의 형에게 박상진의 사형 집행 사실을 전보로 알렸다. 박시규는 팔십이 된 형이 이 소식을 듣고 기절이나 하지 않을까, 쌍초상이 나지나 않을까 전전긍긍하였다.

박상진의 유해는 이틀 후인 8월 13일 오후 4시, 동생 호진 외 여러 명의 친척들이 운구하여 열차 편으로 경주에 도착하였다. 역에는 가족들이 나와 울부짖으며 그의 관을 맞이하였다. 그의 유해는 곧 수레 편으로 교리의 처가로 운구되었다. 그러나 그의 처가도 최준으로 인해 몰락하여 그의 장지를 마련하는 일조차 쉽지 않았다. 결국 그의 장인이 자신의 유택으로 잡아 두었던 곳을 내줌으로써 장지 문제는 해결되었다. 그의 장례는 8월 21일 새벽 3시 교리 처가에서 출상하여 경주군 내남면內南面 노곡리蘆谷里 백운대白雲臺에 매장하는 것으로 끝났다.

박상진의 상여가 시내를 지날 때, 길거리에 가득한 사람들이 상여를 따르며 통곡하였고, 지나던 나그네까지 눈물을 흘리지 않는 사람이 없었다. 발인 때부터 일제 기마대가 출동하여 문상객을 내쫓으며 살벌하고 참혹한 상황을 연출해 장지까지 따라온 사람은 겨우 십여 명에 불과

박상진의 유해를 보고 슬퍼하는 생부에 관한 기사(『동아일보』 1921년 8월 17일)

박상진의 시신 경주 도착
(『동아일보』 1921년 8월 18일)

박상진의 장례 기사(『동아일보』 1921년 8월 23일)

박상진의 묘소(경상북도 경주시 외남면 노곡리)

하였다. 그럼에도 불구하고 많은 사람들이 경찰의 감시를 피해 15리쯤 떨어진 동촌역東村驛으로 달려와 통곡하였고, 상여가 청천역淸泉驛 부근에 이르렀을 때는 누군지 알 수 없는 사람들이 구름처럼 모여들었고 땅이 꺼질 듯 통곡하였다고 한다.

박상진의 장례 관련 기록으로 「부의록賻儀錄」이 전한다. 「부의록」은 '신유辛酉 칠월 초팔일 미시未時'라는 표제의 12쪽과 소상 때 기록 2쪽이 함께 철해져 있고, 이와 별도로 「신유辛酉 칠월 십팔일 양례시문친襄禮時門親」이 있다. 앞의 기록에는 당시 대구와 인근에 있던 동지들 가운데 서상일·김재열·배상철·허백·박민동 등의 이름이 보이고, 최준도 들어 있는데, 이들의 주소와 부의 내역이 기록되어 있다. 뒤의 자료는 장례식

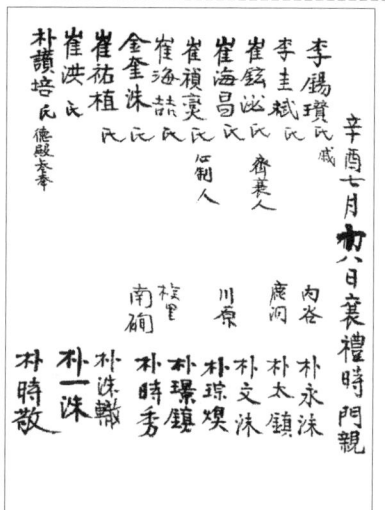

박상진 장례 기록 「부의록」

에 참가한 친인척의 기록인데, 그중에는 동지 이정희李庭禧와 최준의 동생 최윤崔潤의 이름도 보인다. 여기에는 친인척의 이름과 거주지 및 박상진과의 관계가 기록되어 있다.

박시규가 지은 아들의 제문

박상진의 순국 후 그의 집안은 무척 어려운 지경에 처하였다. 이 같은 정황은 박상진의 대상大祥을 맞이하여 1923년 7월 8일(음) 생부 박시규가 지은 제문에 잘 나타난다. 이 제문은 가로 2m 4cm, 세로 30cm 크기에 113행 2,700여 자의 장문인데, 박시규의 친필 필사본으로 전해오고 있다.

　이 제문은 크게 세 부분으로 구성되어 있다. 첫째 부분은 박상진이 사형을 당한 후 장례식 광경과, 자신이 목격하거나 각계의 반응을 24행으로 기록하고 있다. 이 부분의 말미는 생부가 아들의 순국을 자랑스럽게 여기는 글로 마무리되고 있다.

　나는 네가 살았을 때에는 너의 인망人望이 이와 같았다는 것을 미처 몰랐었다. 아! 세상에 사람으로 태어나 살았어도 그 시대에 아무 이익이 없고, 죽은 뒤에도 후세에 남길 만한 소문이 없이 그냥 왔다가 그냥 가게 됨은 온 천하 사람들이 모두 그렇게 하는 일이지만, 만약 너같이 죽는다면 슬퍼할 것이 없다 하겠다. 내가 왜 어리석은 사람처럼 마음속에 온갖 슬픔을 쌓아 나의 생생한 마음을 상할 필요가 있겠는가?

　둘째 부분은 제문의 본문에 해당하는 내용으로, 64행에 걸쳐 최준과의 재산 송사 등을 아들과 대화 형식으로 상세하게 기술하고 있다. 최준과의 재산 송사와 관련된 내용은 앞에서 언급하였기 때문에 여기에서 재론하지 않기로 한다. 이 부분의 말미는 부모와 처자식을 돌보지 않고 일곱 집안식구들이 먹고살 전 재산을 잃은 아들에 대한 짙은 원망으로 끝나고 있는데, 읽는 이를 숙연하게 한다.

　한밤중에 잠이 오지 않을 때면, 나는 네 나이 40세에 이르도록 왜 가정을 돌볼 생각이 없었는지, 그것이 생각하면 할수록 원망스럽기만 하다. 너

생부 박시규가 지은 박상진 제문

는 그때 5년 연부年賦라는 일 때문에 부산과 서울을 몇 차례나 오르내렸다. 이는 모두 가정을 돌보려고 한 일이었는데, 왜 조상에 대한 향화香火도 생각하지 않고, 늙은 부모도 돌아보지 않았으며, 어린 처자들도 걱정하지 않았느냐? 일곱 집안 식구가 먹고사는 농토를 아무 까닭 없이 준浚에게 넘겨주었으니, 이는 준의 부형과 숙질에게 물어본다 하더라도 반드시 그럴 리가 없다 할 것이다.

셋째 부분은 박상진이 죽은 후 집안에서 일어난 일을 들려주고, 박상진의 어릴 적 일화를 회상하는 내용 등 25행으로 구성되어 있다. 이 내용 가운데 박시규는 박상진이 순국한 후 몇 달 있다가 태어난 박상진의 손자가 세 살이 되었다고 하며, 자신은 물론 상진의 양부, 상진의 처가 그 아이를 바라보며 시름을 잊고 있다고 하였다. 또한 그는 이 아이가 하늘이 부여한 자질이 매우 강명剛明하여 참으로 자기 집안의 아이라고 자부하며, 이 아이가 집안을 중흥시킬 것이라고 큰 기대를 걸었다. 한편 자신의 근황도 적고 있는데, 자신이 도쿄에 갔다가 여비가 없어 귀국하지 못하고 있던 중 아버님의 기일忌日을 맞이하여 잠을 이루지 못하다가 잠시 졸던 중 꿈속에서 아들을 만났다가 깨어나 지은 시도 소개하였다. 꿈속에서 아들 상진은 청포를 입은 차림으로 이미 돌아가신 조부모와 양모·생모 등을 모시고 서 있다가 자신을 보고는 생전의 모습처럼 따뜻한 웃음을 지어주었다는 것이다. 그가 꿈에서 깨어나 슬픔을 이기지 못하고 지었다는 시의 내용은 다음과 같다.

나의 부모님이 지금 네 앞에 계시나	吾父母今置汝前
이승에서 받은 사랑의 인연이 끊겼구나	人間偏愛斷因緣
아! 저 까마득한 저승에서	於乎漠漠泉臺下
끝없는 이 원통함을 누구에게 전하랴	此恨無窮孰可傳

또한 박시규는 꿈에서 아들을 만난 느낌도 절절하게 적었다. 그리고 인간세상에서의 작별은 순간에 불과한 것이고, 지하에서의 만남은 장차 한이 없을 것이라고 하며 자신이 죽는 날 아들 상진이 기쁜 마음으로 미

리 기다려 줄 것이라고 믿었다.

아! 너는 깜깜한 저승에서 잠들어 있으면서 지극한 효성으로 이토록 나를 잊어버리지 않았건만, 나는 도리어 너를 잊어야겠다는 것으로써 내 몸만 보호할 비결을 삼으려고 하였으니, 나는 참으로 너를 차마 잊을 수 있는 사람일까? 아! 너는 우리 부모께서도 사랑스럽게 여기셨고, 또 숙인淑人(양모)께서도 많은 사랑을 베풀어 주셨는데, 지금도 저승에서 기쁜 모습으로 모시는 낙을 얻게 되었으니, 이 인간 세상에서 천신만고를 겪으면서 살고 있는 나보다 도리어 더 낫다 할 수 있겠다. … 지금 내 나이 이미 63세나 되었으니, 죽은들 무엇 아까울 것이 있겠느냐? 머지않아 저승으로 돌아가게 되면, 우리 부모님도 나를 사랑하는 자애로운 정이 내가 너를 사랑하는 것보다 못하지 않을 것이다. 인간 세상에서 한 번 작별한 것은 순식간에 불과할 뿐이나, 지하에서 만나게 됨은 장차 한이 없을 것이다. 이렇게 되면 네가 오늘 아침 나의 이 말을 듣고 반드시 슬퍼하지 않으며, 또는 내가 가는 날 기쁜 모습으로 미리 기다리게 되지 않겠느냐?

아버지가 아들의 제문을 지은 것은 그리 흔치 않은 사례이다. 박시규는 아들의 장례 날에도 제문을 지으려 했다. 그러나 아들 사형 집행에 대한 충격으로 갑자기 눈이 어두워지고 귀도 들리지 않아 짓지 못하였다. 그는 아들의 소상小祥 때에도 제문을 지으려 했으나, 마침 설사로 앓아눕는 바람에 또 짓지 못하였다.

이 제문은 아버지가 지은 아들의 제문이라는 독특한 성격 외에도, 박상진의 어린 시절 일화, 최준과의 재산 소송, 박상진의 장례식 광경, 박상진 순국 이후 비참한 가족의 생활상 등 다른 자료에서는 전혀 찾아 볼 수 없는 중요한 사실들을 수록하고 있어 자료적 가치가 높다.

외국인도 감동한 박상진의 순국

박상진의 순국은 많은 이를 슬프게 하였다. 그런데 박상진 제문에는 그의 순국에 감동한 일부 외국인 관련 내용이 있어 주목된다. 박상진의 발인 날, 어느 영국인이 일본 경찰의 눈을 피해 운구 행렬을 따라 동천역 부근까지 와서 눈물을 흘렸다고 한다. 이 영국인이 누구인지는 알 수 없다.

또한 박시규가 1923년 봄, 일본의 히비야日比谷에서 열린 시회詩會에 참석한 적이 있었다. 이때 그는 자신을 청나라의 황족겸 정치가인 숙친왕肅親王의 아들이라고 밝힌 원헌原憲이란 사람을 만났다. 원헌은 박시규가 박상진의 아버지라는 말을 듣자 옷자락을 다시 여미고 무릎을 꿇고 앉아 "아드님의 훌륭한 의열義烈과 참혹한 죽음은 중국의 여러 신문에 상세히 보도되었습니다"라고 말하며 만사 1절을 써 주었다. 그 내용은 다음과 같다.

당당한 그 의기 누가 꺾으랴!	當當義烈孰能移
6년 간의 감옥살이 세상 모두 슬퍼하네.	六載南冠四座悲
한국에는 오늘날 빼어난 문장이 많으니	韓國如今多健筆

기념비 세워도 부끄러울 것 없으리.　　　　也無慚德欲爲碑

당시 박시규는 소문을 듣고 숙소인 여관으로 자신을 찾아 온 인도인을 만나기도 하였다. 인도인은 통역을 시켜 이르기를, "아드님의 광복에 대한 의거는 4천 년 역사를 가진 귀국에서 과연 봉명조양鳳鳴朝陽이라 할 수 있고, 또 죽음을 당해 만세삼창까지 하였으니, 2천만 동포 중에 제일인물第一人物이라 할 수 있습니다. 이런 사실은 재작년에 영자신문을 사 보고 알게 되었습니다"라고 하면서 그 신문까지 내보였다. 그 인도인은 백금百金이나 되는 돈을 향료香料라 하면서 박시규에게 주며 "우리나라에도 박상진의 소문을 듣고, 잘못된 사람들을 처단하는 기풍을 일으키다가 죽은 자가 수백 인에 달합니다"라고 말하였다.

이로써 보면, 박상진의 순국 사실은 중국은 물론 인도에까지 널리 보도되었음을 알 수 있다. 특히 인도인 가운데에는 박상진의 의열투쟁에 감동을 받고 이 방법론을 본받아 민족반역자를 처단하다가 죽은 자가 수백 인이나 되었다고 하니, 가히 박상진의 순국이 지니는 국제성을 알 수 있다.

그런데 1922년 겨울, 박시규가 일본 에도江戶에 있는 스에나가 미사오末永節(1869~1960)의 집에 얹혀 지냈던 것은 좀 의아한 일이다. 스에나가는 일본의 정치운동가로서 대표적인 대륙 낭인 중의 한 사람이다. 그는 후쿠오카福岡의 번사藩士로서 국학자인 스에나가 시게츠구末永茂世의 차남으로 후쿠오카현福岡県 지쿠시군筑紫郡 스미요시정住吉町(현재의 후쿠오카시)에서 출생하였다. 소년시대에 마사키 마사히正木昌陽에게서 한적漢籍

을 공부하다가, 후쿠오카 중학교에 진학하였으나 중퇴하고 하마 테츠마 浜鉄鷹에게서 검도를 사사받았다. 그 후 피터 대제 등의 전기에 감화되어 해외웅비에 뜻을 두고 선원이 되었다. 1894년에는 『규슈일보九州日報』의 기자가 되었으며, 『일본日本』의 통신원을 겸무하며 친형과 함께 해군에 종군하여 청일전쟁을 취재하며 필명을 날렸다.

스에나가는 1897년 이노우에 마사시井上雅二 등과 당시 일본에 망명 중이던 캉유웨이康有為·량치차오梁啓超 등의 개혁을 지지하는 것을 주목표로 내세운 동아회東亞會(후의 동아동문회東亞同文会의 모체)를 결성하였다. 그는 1901년 겐요샤玄洋社에 입회하였고, 또한 이 해에 고쿠류가이黒龍会의 결성에도 참가함으로 본격적인 우익으로 활동하였다.

그의 활동에서 특히 주목해야 할 것은 1922년 혼미한 아시아의 구제를 주창하며 만몽満蒙과 시베리아 지역에 일대 자유국인 '대고려국大高麗國' 건설을 목표로 한 우익단체인 '조국회肇國会'를 결성한 사실이다. 이 회는 도야마 미츠루頭山満·우치다 료헤이內田良平·이누카이 츠요시犬養毅 등 일본의 이른바 대아시아주의자들의 지지를 받았다.

'대고려국大高麗國' 건설은 1920년 1월 18일 정안립鄭安立 등이 조선고사연구회朝鮮古史研究會를 발기한 것으로부터 시작하였다. 이날 서울 장춘관長春館에서 열린 조선고사연구회 창립총회는 80여 명이 참가한 가운데 열렸다. 이 자리에서 정안립은 조선의 웅장한 고대사를 연구하자는 학문적 목적에서 이 회를 발기하는 것임을 강조하고, 만주와 시베리아 일원이 우리 민족의 땅이며 우리 역사의 무대라고 주장하였다. 그런데 이 자리에 스에나가 미사오가 참석하여 축사를 하였다. 그의 축사 내용을

조선고사연구회 창립총회 및 스에나가 미사오 축사 보도기사(『매일신보』 1920년 1월 20일)

당시 신문기사에서 인용하면 다음과 같다.

만주지방에는 이런 전설이 있소. 흰 옷·흰 개·흰 닭이 생기면 만주는 고려의 천지가 된다, 지금 펑톈 수리국 있는 곳까지 물이 들어오면 만주는 고려의 천하가 된다, 선양 서탑이 반만 무너지면 고려의 천하가 된다 하고 또한 만주지방에는 여러 곳 고려촌高麗村이라 하는 곳이 있는데 그 별명 있는 곳은 땅을 파기만 하면 석탄이 나고 고려자기가 있다고 하오. 이런 말을 듣고 생각하건대 조선 사람은 결코 지금 현상의 조선 사람이 아니었던 것을 미루어 알 수 있소. 다시 역사를 소구溯究하야 볼지라도 상고에는 숙신, 말갈 등은 시베리아에까지 활동하였고 삼백만 대병을 거느린 수양제와 권지이래卷地而來하는 당 태종을 일격퇴지一擊退之하였소. 일본인들은 임진란에 제가 이긴 듯이 생각하나 기실은 이순신 장군의 거북선으로 인하야 머리도 들지 못하였소. 이러한 사실史實을 보건대 조선 민족은 결코 남에게 진 민족이 아니오 조선의 역사는 과연 웅대하오.
일본의 진무천황神武天皇은 강원도 춘천에서 낳다 하며 일본 사람들도 진무천황은 고대조선이나 백작의 자손이라 하오. 스사노오 노미코토素盞鳴尊도 신라에 내왕한 일이 있고 진구황후神功皇后도 조선 사람의 자손이라는 말이 야사에 있소. 여러분은 진심갈력盡心竭力하야 고대사를 연구하여 먼저 조선 사람이 알아야 하겠고 다음에 세계적으로 자랑하여야 할 것이오.

조선고사연구회는 취지서에서 '단군이 장백산에 조선국을 창립하였던 고대에는 그 국경이 비상히 광대하여 홍안령興安嶺으로부터 남편, 산

해관山海關으로부터 동편, 시베리아 연해주 일대까지 포함하였으니 조선 고대의 역사를 연구하여 조선 민족을 위하여 공헌할 것을 목적'으로 한다고 밝혔다. 그런데 3월 17일과 25일 임원회의를 열어 조선 각도로 사람을 보내 기부금을 모금하기로 하고, '대고려국' 창설을 중국과 일본도 동의하였다고 선전하며 '대고려국창설가'라는 노래를 보급하기도 하였다.

일제는 이들의 활동을 주시하다가, 학문이 아닌 정치적 결사이고 '언동이 불온'하다고 판단하여, 4월 2일 회장 이상규李相珪와 총무 김병수金秉洙를 동대문경찰서로 불러 해산을 명령하기에 이르렀다. 결국 조선고사연구회는 불과 3개월 만에 해산하였다. 『독립신문』(1920. 6. 5)은 정안립의 조선고사연구회의 결성이 펑톈의 일본 영사관과 밀의한 결과라고 보았고, 재만 동포들이 그의 행동을 엄중히 경계하고 있다고 보도하였다.

정안립은 조선고사연구회가 활동할 무렵, 스에나가 미사오의 소개로 도쿄로 건너가 일본 정부 관계자를 면담한 바 있다. 이 때 그는 일본 정부에 군기軍器 준비금으로 1천만 원을 요구하였다가 거절당하였고, 우암 송시열 향사비享祀費로 4천 원을 요구하기도 하였는데, 조선고사연구회 내에서도 이 같은 정안립의 행동을 비웃는 사람이 있었다.

결국 '대고려국大高麗國' 건설은 실현되지 않았다. 그러나 스에나가 미사오는 '천하의 낭인'을 자임하며, 특히 중국 요인과 넓은 교유관계를 맺어 1956년의 미수연 때에는 중국 국민당과 공산당 양 정권으로부터 축사가 왔다고 한다. 스에나가 미사오는 전일본소림권무덕회全日本少林拳

박상진의사 추모비(울산 북정공원)

박상진의사 추모비(울산 학성공원)

武德會 초대 종가宗家를 지내는 등 무도가로서도 명성이 높다.

'대고려국' 구상은 1919년을 전후하여 스에나가 미사오와 우치다 료헤이 등 이른바 아시아주의자에 의해 대륙정책과 조선인을 회유하기 위한 방편으로 계획된 것이다. 즉, 한국에서 3·1운동이 전개되고 만주 지역에서 독립운동의 일환으로서 '대고려국' 건국운동이 전개되었다. '대고려국' 건국운동은 일본의 아시아주의자와 만주 거주 우리 독립운동 세력과의 동상이몽의 합작품이라 할 수 있다. 그런데 이 운동은 후에 일제의 만주국滿洲國 건국과 연결되는 전사로서의 의미를 지닌 점에 유의하여야 할 것이다.

박시규는 자신이 스에나가 미사오의 집에 머문 것은 그가 박상진의 구명을 위해 애써 주었기 때문이라고 하였다. 스에나가 미사오의 박상진 구명 활동은 자료가 없어 확인할 수는 없다. 그러나 그가 스에나가 미사오의 집에 머문 것이 알려지자 몇 달 후 십여 명의 유학생들이 찾아와 항의하였다. 김천해金天海 등 유학생 십여 명은 한밤중에 박시규를 찾아와 일본으로 온 목적과 스에나가 미사오의 집에 머물러 있는 까닭을 따졌다. 유학생들은 이런 행위가 의사의 아버지로서 올바르지 못한 처신이라고 지적하였고, 의사에게 누를 끼치는 일이라며 당장 처소를 옮길 것을 요구하였다. 그래서 박시규는 그의 집에서 나와 숙소를 여관으로 옮길 수밖에 없었다고 한다.

부록

- 광복회 지부원 일람표
- 「제망자상진문 祭亡子尙鎭文」(박상진 제문 번역본)

광복회 지부원 일람표

이 표는 이성우의 『광복회연구』(충남대학교 박사학위논문, 2007)에서 인용.

• 경상도 지부

연번	성명 (이명)	생몰년	주소	활동	전거	비고
1	姜順弼 (姜順必·姜秉洙)	1884~	경북 봉화 (경북 함창)	이강년의진·민단조합·풍기광복단·영월중석광공격·장승원 처단	예심·고등1·형사	
2	姜正萬	1889~	경북 안동		고제4018·고등1	
3	權寧睦 (王子明, 東鳥, 東甫, 裵梁)	1894~	경북 영주	대동상점, 자금제공	예심·고헌·고등1	교사
4	權寧默	미상	경북 함창		고등1	
5	權義植	1892~	경북 안동 (경북 함창)		고제4018·고등1	미체포
6	權宰点		경북 안동		고제4018	미체포
7	權準羲	1848~	경북 안동		고등1	
8	權準興	1889~	경북 안동	자금제공	예심·고등1·형사	
9	金魯卿	1894~	경북 영주	대동상점	예심·형사·판결1	교사

연번	성명 (이명)	생몰년	주소	활동	전거	비고
10	金在烈	1884~ 1948	경북 고령	달성친목회·조선국권회복단· 대구권총사건·장승원처단	판결2·매일	전당업
11	金鎭萬	1876~ 1934	경북 대구	달성친목회·대구권총사건	매일·판결2	
12	金振聲		경북 안동		고제4018	미체포
13	金鎭禹	1881~?	경북 달성	대구권총사건·김진만의 동생	매일·판결2	
14	朴相勳		경북 안동		고제4018	미체포
15	朴濟璿	1878~ 1938	경북 영주	대동상점	판결1·고등2	교사
16	孫基瓚	1886~	경북 칠곡	장승원처단	예심·복심· 형사	
17	孫亮尹	1878~ 1940	경북 달성		판결3	
18	申喆均	1889~	경북 문경		고등1	
19	禹相敦	1869~	경북 안동		고제4018	미체포
20	柳明秀 (柳明植)	1893~	경북 봉화	대동상점	고등2	박제선의 매부
21	柳時萬	1863~	경북 안동		고등1·형사	
22	尹昌夏	1884~	경북 예천		예심·고등1 ·복심·형사	
23	李敎憲	1895~	경북 영주	대동상점	고등2·판결1	
24	李東欽	1881~	경북 안동	군자금모집	고등2	

연번	성명(이명)	생몰년	주소	활동	전거	비고
25	李始榮	1881~1919	경북 대구	조선국권회복단·대구권총사건	매일·판결2	
26	李庭禧	1880~	경북 청도	朝鮮獨立運動後援義勇團	예심·고등1·형사	
27	李鍾諞	1878~	경북 안동	연락거점	고등1	
28	林世圭(林鳳柱)	1879~	경북 영주	대구권총사건·장승원·박용하 처단	예심·복심·형사	
29	鄭性山	1868~	경북 풍기		고등1·양벽	
30	鄭世汝		경북 예천	포고문작성	복심	
31	鄭松山	1884~	경북 안동		고제4018	미체포
32	鄭舜永(鄭淳榮, 鄭瑞雄)	1879~1941	경북 성주	조선국권회복단·삼달양행	백산·고헌	
33	鄭雲馹	1884~1956	경북 성주	달성친목회·조선국권회복단·대구권총사건	매일·판결2	
34	鄭應鳳(鄭義極)	1895~	경북 풍기	대동상점	고등2·판결1	신간회·천도교청년당
35	鄭在穆		경북 영천	장승원처단	복심·백산	우재룡의 자형
36	鄭鎭華	1873~1945	경북 예천	풍기광복단	예심·복심·형사	채기중과 처6촌
37	趙鏞弼	1867~1946	경북 예천	이강년의진·민단조합·포고문 작성	예심·고등1·복심·형사	한문교사

연번	성명 (이명)	생몰년	주소	활동	전거	비고
38	趙在夏	1873~	경북 영주	영월중석광·대동상점	예심·형사·고제4018·고등2	
39	蔡敬文	1879~	경북 영주		고등·형사	
40	蔡基中	1873~1921	경북 함창	풍기광복단·경상도지부장·장승원처단	고제4018·예심·고등·복심·형사	
41	蔡泰成		경북 안동	고제4018호		미체포
42	崔丙奎	1881~1931	대구	달성친목회·대구권총사건	매일·판결2	
43	崔俊明		대구	달성친목회·대구권총사건	매일·판결2	
44	卓基昌	1874~	경북 안동		고제4018	미체포
45	洪宙一	1875~	경북 청도	달성친목회·조선국권회복단·대구권총사건	매일·판결2	

전거 : 예심(「예심종결결정」, 1918년 10월 19일, 공주지방법원), 복심(「大正八年 刑空第168號 1919년 9월 22일 경성복심법원판결문」), 고등1(경상북도경찰부, 『고등경찰요사』, 1934, 179~183쪽). 고등2(경상북도경찰부, 『고등경찰요사』, 1934, 264~265쪽). 형사(「大正七年 刑事事件簿, 공주지방법원검사국」, 高第1741(「高第1741號 國權恢復ヲ標榜スル不穩團體員發見處分ノ件」(강덕상 편, 『현대사자료』 25, 33~35쪽). 高第4018(「高第4018號 國權恢復ヲ標榜スル不穩團體員發見處分ノ件續報」(강덕상 편, 『현대사자료』 25, 41~50쪽), 고헌(박맹진, 「고헌실기약초」), 매일(《매일신보》1916년 4월 26일자), 판결1(「朴潤晉·李敎應·鄭應鳳·김노경판결문」, 대구복심법원, 1918년 6월 17일), 판결2(「大正6年 刑控343·379號 金振萬·金鑢禹·鄭雲馹·崔丙圭 대구복심법원판결문」), 판결3(「大正六年 刑控521號, 孫亮尹 1917년 12월 17일 경성복심법원판결문·大正七年 刑上第七號, 孫亮尹 1918년 1월 31일 고등법원판결문」), 양벽(梁美緯, 「梁碧濤公濟女實記」). 백산(우재룡, 『백산실기』).

• 충청도 지부

연번	성명 (이명)	생몰년	주소	활동	전거	비고
1	姜奭周	1897~1950	충남 아산	박용하처단·인천연락거점	예심·고제4018·고등·형사	미곡상
2	姜順馨	1880~	충남 청양		고등·형사·고제4018	
3	姜正均	미상	충남 아산		고제4018	미체포
4	權相錫, (權成旭 權國弼權百草)	1867~	충남 천안 (경북 영주)	홍주의병·대구권총사건	고제4018·예심·고등·복심·형사	서당교사
5	奇載璉	1871~	충남 청양	청양거점 (중석광)	고제4018·예심·고등·형사	坑夫
6	金敬泰 (金永根)	1880~1921	충남 청양	구한국군인·박용하처단·군자금모집	고제1741·고제4018·예심·고등·복심·형사	사형순국
7	金商俊	1885~1944	충남 예산	박용하처단	고제4018·예심·고등·형사	
8	金成默	1861~	충남 예산		고제4018·고등·형사	
9	金英煥	1891~	충남 연기		고제4018·고등·형사	
10	金完默	1869~	충남 예산		고제4018·고등·형사	

연번	성명(이명)	생몰년	주소	활동	전거	비고
11	金元黙	1892~1962	충남 예산		고제4018·고등·형사·예심	
12	金在德 (金在昌)	1887~	충남 예산		고등·고제4018	미곡상
13	金在任	1885~	충남 예산		고제4018·고등·형사	
14	金在貞 (金在琓)	1861~	충남 예산	홍주의병	고제4018·예심·고등·형사	김한종의 父
15	金在昶 (金在和)	1887~	충남 예산	박용하처단	예심·고등·형사·복심	김한종 삼촌·미곡상
16	金在哲 (金在喆)	1872~	충남 예산	박용하처단	예심·고등·형사	
17	金在豊	1888~	충남 예산	박용하처단	고제4018·고등·형사·예심·복심	김한종 삼촌
18	金在浩	1871~	충남 예산		고제4018·형사·고등	
19	金鼎浩	1868~	충남 천안		고제4018·고등	正鎬
20	金瑳範		충남 홍성		고제4018·형사	미체포
21	金昌奎	1879~	충남 홍성		고등·형사	
22	金漢鍾	1883~1921	충남 예산	충청도지부장, 장승원과 박용하사건, 군자금모집.	고제4018·예심·고등·복심·형사	사형 순국

연번	성명(이명)	생몰년	주소	활동	전거	비고
23	南廷晃	1890~	충남 홍성		고제4018·형사	미체포
24	禹在源	1889~	충남 천안		고제4018·형사	
25	朴壯熙	1894~1950	충남 연기		고제4018·고등·형사	미곡상
26	成達永	1873~1933	충남 아산	홍주의병·박용하처단·천안연락거점	고제4018·예심·고등·복심·형사	
27	成文永	1887~1961	충남 아산	홍주의병·박용하처단	예심·고등·복심·형사	성달영 동생
28	申陽春	1884~	충북 괴산	채기중, 강순필도피지원·孫亮尹과 자금모집	예심·형사	
29	申玉鉉	1889~	충북 괴산		고제4018·형사	미체포
30	申泰應	1860~	충남 아산		고제4018·고등·형사	
31	安一潭	1869~	충남 보령		고제4018·형사	
32	安昌洙	1884~	충남 홍성		고등·형사	미체포
33	安泰承	1895~	충남 예산		고제4018	미체포
34	嚴正燮	1884~	충남 청양	이강년의진	고제4018·형사	미체포
35	柳重協	1891~	충남 천안		예심·형사·고제4018·고등	

연번	성명(이명)	생몰년	주소	활동	전거	비고
36	庚昌淳	1881~1944	충남 천안	홍주의병·풍기광복단·장승원처단	고제4018·고등·예심·복심·예심·형사	
37	尹丙日	1872~1957	충남 청양	홍주의병	고제11227	
38	尹貞植	1881~	충남 예산		고제4018·형사	미체포
39	李珏烈	1885~	충남 아산		고등·형사	미체포
40	李德幸	1888~	충남 천안		고제4018·고등·형사	
41	李在德	1888~1961	충남 예산	김재정의 제자·인천연락거점	예심·고등·형사	미곡상
42	李正悅	1884~	충남 천안		고제4018	미체포
43	李鍾大	1889~	충남 아산		고제4018	미체포
44	李贊永	1879~	충남 청양		고제4018	
45	李桓瑄	1876~	충남 예산		고제4018	미체포
46	李喜求	1875~, 1876~	충북 청주		고제4018	미체포
47	張斗煥	1894~1921	충남 천안	자금제공·박용하처단	고제4018·예심·고등·복심·형사	
48	鄭來鵬	1886~	충남 연기		고제4018·고등·형사	서당교사

연번	성명(이명)	생몰년	주소	활동	전거	비고
49	鄭雨豊	1879~	충남 아산		복심·예심·고등·형사·고제4018	
50	鄭雲淇	1877~	충북 괴산	풍기광복단·채기중, 강순필 피신지원	예심·복심·형사	서당 훈장
51	鄭泰復	1887~	충남 홍성	홍주의병·박용하처단·고시문 제작	고제4018·예심·고등·형사	면장
52	鄭恒俊	1869~	충남 천안		고제4018	
53	趙鳳夏	1901~	충남 아산		고등·형사	미체포
54	趙鍾哲	1891~1957	충남 천안		고등·예심·형사	
55	崔益煥	미상	충남 홍성		고제4018·형사	미체포
56	洪顯周	1883~1945	충남 청양		고제4018·예심·형사·고등	포목상
57	黃學性	1883~1947	충남 청양		고제4018·예심·고등·형사	미곡상

전거: 예심(「예심종결결정, 1918년 10월 19일, 공주지방법원」), 복심(「大正八年 刑控第168號 1919년 9월 22일 경성복심법원판결문」), 고등(경상북도경찰부, 『고등경찰요사』, 1934, 179~183쪽), 형사(「大正七年 刑事事件簿, 공주지방법원검사국」), 高第1741(「高第1741號 國權恢復ヲ標榜スル不穩團體員發見處分ノ件」(강덕상 편, 『현대사자료』 25, 33~35쪽), 高第4018(「高第4018號 國權恢復ヲ標榜スル不穩團體員發見處分ノ件續報」(강덕상 편, 『현대사자료』 25, 41~50쪽).

• 전라도 지부

연번	성명 (이명)	생몰년	주소	활동	전거	비고
1	高濟臣 (高文京)	1881~	전북 부안	서인선사건	동아·예심·형공46호	
2	柳漳烈	1878~1960	전북 고창	풍기광복단·독립의군부·서도현, 서인선사건	동아·예심·형공46호	
3	李明瑞		전남 광주	연락거점	예심·복심	미곡상
4	李秉溫			서도현사건	매일	
5	李秉昊 (李秉燦)	1888~1955	전남 보성	전라도지부장·채기중과 군자금모집	예심·백산·형사	
6	李秉華	1877~	전남 보성	서인선사건	동아·예심	
7	張南七				매일	
8	崔勉植	1891~1944	경기 포천	군자금 모집	예심종결·복심·형사	
9	韓焄 (韓禹錫)	1892~1950	충남 청양	홍주의병·풍기광복단·서도현, 서인선사건	백산·대한·예심·형공46호	

전거 : 백산(우재룡, 『백산실기』)·예심(「徐正仁·韓禹錫·李秉華·柳漳烈·高濟臣·金奉述 豫審終結決定」, 1922년 8월 29일, 광주지방법원, 국가기록원 소장)·예심종결(「예심종결결정, 1918년 1월 19일 공주지방법원), 복심(「大正八年 刑控第形168號 1919년 9월 22일 경성복심법원판결문」), 형공46(「刑公第46號 韓禹錫·柳漳烈·高濟臣 判決文」(1922년 11월 21일, 광주지방법원, 국가기록원 소장)·동아(《동아일보》 1922년 11월 12일자, 「筏橋富豪를 威脅하야」; 《동아일보》 1922년 3월 3일자, 「보성부호를 암살한 리병화는 경성에서 逮捕」)·매일(《매일신보》 1918년 10월 11일자, 「憲兵出張所를 襲擊한 凶賊」)·대한(한훈, 「대한광복단」).

• 황해도 · 평안도 지부

연번	성명 (이명)	생몰년	주소	활동	전거	비고
1	高後凋		황해 해주		의용	김구스승
2	金成禹	1883~	황해 장연		고제23808	
3	文應極	1882~	평북 용천	삼달양행	고제23808	
4	朴元東	1885~	황해 봉산	평산의진참여·군자금모집	고제23808· 의용·刑上第 4號	
5	朴行一	1882~	황해 해주		고제23808	
6	邊東植	1877~	황해 연백		고제23808· 의용	
7	邊東煥	1871~	황해 평산	유인석문인	고제23808· 의용	
8	成樂奎	1889~	황해 해주	해주의진·총독암살처단계획	고제23808, 의용·刑上第 4號	기자
9	梁擇善	1888~	황해 해주	평산의진·유인석문인	고제23808· 의용	
10	吳瓚根	1873~	황해 해주	(최익현문인)·군자금제공	고제23808· 의용	
11	尹 鑢	1870~	평남 중화	유인석문인	의용	
12	李觀求 (李海量)	1885~ 1952	황해 송화	황해도지부장·유인석문인·삼달양행, 상원양행설립·만주거점에서 활동	고제23808· 의용·백산· 刑上第4號	
13	李根奭	1888~	황해 신천		고제23808· 의용	변호사

연번	성명(이명)	생몰년	주소	활동	전거	비고
14	李根永	1883~	황해 해주	이진룡과 활동(안동현주재소 습격)·조맹선과 활동·운산금광공격	고제23808· 의용	음식점
15	李文成	1889~	황해 해주	우동선의병장과 활동·운산금광공격·조맹선과 활동	고제23808· 의용	
16	李錫喜	1889~	황해 해주		고제23808· 의용	여인숙
17	李允痒	1877~	황해 해주		고제23808	여인숙
18	李泰儀	1885~	황해 옹진	군자금모집	고제23808· 刑上第4號	
19	李鶴喜	1889~	황해 해주		고제23808· 의용	
20	李和淑(李起鉉)	1865~	황해 옹진	재정지원	고제23808· 의용	
21	曹善煥	1888~	황해 신천	유인석문인·해주의진·총독암살처단계획	고제23808· 刑上第4號	
22	趙百泳	1882~	황해 장연	조용승의 문인(송병선문인)·재정지원	고제23808· 의용	
23	趙鏞昇	1862~	황해 송화	송병선문인	고제23808· 의용	
24	曹寅燁(曹道燦)	1872~	황해 해주		고제23808	
24	趙賢均	1869~1949	평북 정주	평안도지부장·3·1운동참여·대한독립단활동	백산·의용·광복	
25	崔根草	1885·6~	황해 해주		고제23808	
26	韓聖根		황해 신천		의용	

전거 : 의용(이관구, 『의용실기』), 백산(우재룡, 『백산실기』), 광복(광복회, 『광복회』), 刑上第4號(「刑上第4號 李觀求·成樂奎·朴元東判決文」(1919년 1월 23일 高等法院), 高第23808(「高第23808號 國權恢復ヲ標榜セル不逞鮮人檢擧ノ件」(강덕상 편, 『현대사자료』25, 55~58쪽).

「제망자상진문祭亡子尙鎭文」 (박상진 제문 번역본)

올해 계해년癸亥年(1923) 7월 정사삭丁巳朔 초8일 갑자甲子는 바로 출계出系한 망자亡子 상진尙鎭의 종상終祥이다. 그 본생부本生父 성심옹醒心翁은 간장이 끊어지는 듯하고, 정신도 다 떨어진 듯하다. 몇 마디 이야기해 보고 싶으나 어떻게 해야 할지 잘 모르겠다. 그러나 부자父子의 정으로 뜻밖의 궁천지통窮天之痛을 당하여 한마디 말이 없다는 것도 나로서는 참지 못할 일인데, 하물며 너의 혼령이 만약 나 때문에 떠나가지 않고 머뭇거리게 된다면, 나는 더욱 참을 수 없을 것이다. 그래서 하루 전인 계해일癸亥日 아침에 몇 가지 과일과 한 잔 술을 차려 놓고 '우리 상진아' 하고 가슴을 치면서 고한다.

아아! 오늘은 바로 네가 죽은 날이다. 너의 죽음을 온 천하 사람들이 슬퍼하고, 애석하게 여기는 말들이 다 한입에서 나오는 듯하다. 네가 죽던 날, 옥졸은 울먹이면서 "의인義人이 죽으니 천지가 깜깜해지고 시정市井에는 점방 문이 모두 닫혔습니다"라고 전하였고, 아이 호진이 시신을 수레에 싣고 돌아왔을 때는 성안에 있는 네 친구들이 모두 너를 어루만지면서 울음을 터뜨렸다. 또 번갈아 가면서 밤을 새우기도 하고, 금백金

帛과 지촉紙燭으로 돕기도 하여 함감含歛에 대한 모든 절차를 별 지장 없이 치르도록 하였다.

장사 지내던 날, 길거리에 가득한 남녀들이 상여를 따라 통곡하자, 남 모르는 길을 가던 나그네까지도 눈물을 흘리지 않는 이가 없었으니, 모두들 "죽었어도 오히려 영광이다"라고 하였다. 또 영국인과 우리 조선인 이만우李晚雨 김모金某 등 수십 명은 경관들의 조사를 피하여 15리쯤 떨어진 동촌역전東村驛前에 와서 통곡하였다. 또 청천역淸泉驛까지 이르러서는 누구인지도 모르는 사람들이 구름처럼 모여들어 통곡하는 소리에 땅이 꺼지는 듯하였다.

장지葬地에 대해서는 녹문구산鹿門舊山까지 운구할 힘이 없어 그만 너의 장인께서 전에 잡아 놓았던 등운산登雲山 기슭에 장사지내게 되었다. 발인할 때부터 기마대가 달려와 길가에 늘어서서 오는 손님들을 휘몰아 쫓았는데, 그 광경이 참혹했고 산 위까지 와서 장례에 참여한 사람은 겨우 십여 명밖에 되지 않았다.

지난겨울, 나는 다시 일본 에도江戶로 건너가 스에나가 미사오末永節의 집에 얹혀 있었다. 스에나가는 년전年前에 너를 죽음에서 구해주려고 몹시 애쓰던 사람인 때문이다. 그런데 몇 달 후 조선학생 김천해金天海가 그 동지 십여 명과 함께 밤중에 찾아와 묻기를, "무슨 일로 여기까지 오셨으며, 무슨 이유로 저들에게 머물러 계십니까? 더구나 의사義士의 아버지로서 저들의 집에 얹혀 계신다는 것은 우리들 마음에 아주 불쾌한 생각이 듭니다. 혹 불미스러운 일이 있게 되면 의사義士에게도 누를 끼칠까 두렵습니다."라고 하면서 잠깐만이라도 스에나가의 집에 머물러 있지 못하도록 하므로 어쩔 수 없이 그만 여관으로 옮겨 버렸다.

금년 봄에는 히비야日比谷 시회詩會에 나도 가서 참석했다. 그 때 중국인 원헌原憲은 바로 숙친왕肅親王의 아들인데, 내가 너의 아비라는 말을 듣자 다시 옷자락을 여미고 꿇어앉아 이르기를 "아드님의 훌륭한 의열義烈과 참혹한 죽음은 중국의 여러 신문에 상세히 보도되었습니다"라고 하며, 만사輓詞 일절一絶을 써서 나에게 주었는데, 아래와 같다.

당당한 그 의기 누가 꺾으랴!	當當義烈孰能移
6년 간의 감옥살이 세상 모두 슬퍼하네.	六載南冠四座悲
한국에는 오늘날 빼어난 문장이 많으니	韓國如今多健筆
기념비 세워도 부끄러울 것 없으리.	也無慚德欲爲碑

또 인도인印度人도 이날 소문을 듣고 여관으로 나를 찾아와 통역을 시켜 이르기를, "아드님의 광복에 대한 의거는 4천 년 역사를 가진 귀국에서 과연 봉명조양鳳鳴朝陽이라 할 수 있고, 또 죽음을 당해 만세삼창까지 하였으니, 2천만 동포 중에 제일인물第一人物이라 할 수 있습니다. 이런 사실은 재작년에 영자신문을 사 보고 알게 되었습니다"라고 하면서 그 신문까지 내보였다. 또 백금百金이나 되는 돈을 향료香料라 하면서 내게

주고 이르기를, "우리나라에도 박상진의 소문을 듣고, 잘못된 사람들을 처단하는 기풍을 일으키다가 죽은 자가 수백 인에 달합니다"라고 하였다.

나는 네가 살았을 때에는 너의 인망人望이 이와 같았다는 것을 미처 몰랐었다. 아! 세상에 사람으로 태어나 살았어도 그 시대에 아무 이익이 없고, 죽은 뒤에도 후세에 남길 만한 소문이 없이 그냥 왔다가 그냥 가게 됨은 온 천하 사람들이 모두 그렇게 하는 일이지만, 만약 너같이 죽는다면 슬퍼할 것이 없다 하겠다. 내가 왜 어리석은 사람처럼 마음속에 온갖 슬픔을 쌓아 나의 생생한 마음을 상傷할 필요가 있겠는가?

그러나 네가 죽은 후, 최군崔君 준浚은 우리 집안 형제와 자질子姪들이 가졌던 농토의 전부를 그가 샀다고 핑계를 대면서 하루아침에 다 빼앗아 가버렸다. 대체로 생각해 볼 때 농민은 농사를 짓지 않으면 굶게 되고 굶으면 죽게 될 뿐이다. 그러나 일곱 집안 백여 식구가 갑자기 모두 거지가 되어 사방으로 떠돌아다니고, 나도 혼자서 이 옛집을 지키고 있다가 며칠동안 굶어서 죽을 지경에 이르렀지만, 이렇게 된 이유를 알 수 없어 네 아내에게 물어 보았더니,

네 아내는 말하기를 "을묘년乙卯年(1915) 7월 어느 날 최준崔浚, 최완崔浣 형제가 우리 집에 와서 말하기를 '누이는 전일의 사치한 생활을 생각지 말고, 지금부터 누이의 집안 살림은 우리들이 돌보아 드릴 테니, 우리들을 믿고 우리말을 받아들이면 장차 큰 재산을 늘려 복구할 수 있을

것입니다'라고 말했는데, 지금 이런 지경에 이르렀으니, 천운天運이라 할까요? 아 천운天運이라 할까요?"라고 하였다.

또 최준에게 물어보았더니, 그는 말하기를, "박상진이 미쓰이회사三井會社에 부채가 있어 저당한 토지를 빼앗기게 되었다 하면서 나에게 매수買受하라고 했었습니다. 그러나 값이 시가에 맞지 않아 매수할 수 없다고 했더니, 상진은 바로 칼을 빼들고 위협까지 했습니다. 그래서 나는 죽음을 면하기 위해, 또 한편으로는 그를 구조하기 위해 억지로 매수하게 되었습니다. 그런데 지금 와서 죽을 고비를 당하자 하늘이 부여해준 본성本性을 잃어버리고 그 아이들을 보내 느닷없이 생떼를 부리면 되겠습니까?"라고 하니, 이것이 이치에 닿는 말인가?

이 토지는 논이 5백 두락이고 밭이 4백 두락으로, 합치면 모두 9백 두락이며, 그때의 원가를 따지면 6~7만 원이 넘는 까닭에 미쓰이회사에서 3만 원으로 저당 잡게 되고, 최준은 그 보증인이 되었다. 이는 모르는 사람이 없던 일인데 갑자기 위협이 두려워 1만 2천 원으로 억지로 매수를 했다니, 이것이야말로 생떼가 아니라고 말할 수 있겠는가. 또 구조하기 위해 억지로 매수하게 되었다면, 그 농토 전부를 다 빼앗아 그 형제자질兄弟子姪의 일곱 집안 식구 백여 명을 갑자기 거지가 되도록 만든 것을 과연 구조해 주었다고 말할 수 있겠는가?

너의 장인도 최준에게 꾸짖기를, "네 말은 한마디도 이치에 닿지 않는다. 그 많은 농토를 이미 빼앗겼다면, 미쓰이회사에 빼앗겼거나 너에게 빼앗겼거나 간에 상진에게는 아무 손익이 없었을 것이다. 그런데 상진이 꼭 너에게 팔려고 칼로 위협까지 했다면, 그때 네가 딴 생각을 가지고 있었기 때문이었을 것이다. 또 그 토지를 3만 원에 저당 잡혔다면 그 원가는 6~7만 원어치가 넘는다는 것은 확실히 알 수 있지 않으냐? 그런데 너는 상진의 위협에 눌려 1만 2천 원을 주고 사기 싫은 것을 억지로 샀다하니, 그 실제를 따진다면, 상진이가 그 토지로써 너를 구조한 셈이고, 너는 도리어 상진에게 구조를 받은 셈이다. 우리 집안은 옛날 조상 때부터 정당치 못한 일에 대해서는 한 평의 땅도, 한 푼의 돈도 몸에 붙이지 않았었다. 너도 전일의 잘못을 뉘우치고 빼앗은 농토를 되돌려주어야 옳을 것이다"라고 했다. 그러나 최군 형제는 잘못을 고치기는커녕, 오히려 우리 양대兩代의 분묘가 계신 산판山坂까지 제 소유로 만들어 지금 은행에 저당했다 한다. 네가 살았을 때 최군과 더불어 어떻게 했기에 그 욕스러움이 조상에게까지 미치며, 또 나로 하여금 이 궁지에 빠져 철천지원徹天之寃을 하소연해도 아무 반응이 없도록 하였느냐?

한밤중에 잠이 오지 않을 때면, 나는 네 나이 40세에 이르도록 왜 가정을 돌볼 생각이 없었는지, 그것이 생각하면 할수록 원망스럽기만 하다. 너는 그때 5년 연부年賦라는 일 때문에 부산과 서울을 몇 차례나 오르내렸다. 이는 모두 가정을 돌보려고 한 일이었는데, 왜 조상에 대한 향화香火도 생각하지 않고, 늙은 부모도 돌아보지 않았으며, 어린 처자들도 걱정하지 않느냐? 일곱 집안 식구가 먹고사는 농토를 아무 까닭

없이 준浚에게 넘겨주었으니, 이는 준의 부형과 숙질에게 물어본다 하더라도 반드시 그럴 리가 없다 할 것이다.

또 네가 죽을 때 적었다는 유서에는 다만 이르기를, "소천귀小川貴가 죽내예언竹內銳彦에게 소개하여 잘 처리하도록 했기에 매매하지 않았다. 이 일은 미쓰이회사 사원 일동이 모두 알고 있다"고만 하였다. 이 사실은 호아皞兒가 하질河姪과 함께 너를 따라가 그 일을 주선하게 된 까닭에 환히 다 알았던 것이었다. 그런데 연부年賦를 마감하던 날, 최준이 무슨 이유로 제 명의로 이전하게 되었으며, 미쓰이회사에서도 무슨 이유로 이전 서류에다 날인하게 되었느냐?

이런 이유를 알기 위해 호아를 경성지점京城支店에 보내 물어 보도록 하였으나, 모두 옛날 직원들이 아니어서 홀대하기가 아주 심하였으며, 부산에 가서 물어보라는 것이었다. 그래서 다시 하질을 시켜 부산으로 가보도록 하였으나. 부산지점은 벌써 없어져 물어볼 곳조차 없었으니, 두 아이들은 결국 헛걸음만 했을 뿐이었다.

이에 남들이 모두 내게 권하기를 "도쿄지사東京支社에 가서 탐문해 보면 그 사실 여하를 자세히 알 수 있을 것이다"라고 하였고, 나도 생각에 울화가 치밀어 억제할 수가 없었다. 이리하여 작년 겨울, 다시 도쿄로 건너가 본사를 찾아갔는데, 그곳은 거대한 건물과 여러 층으로 된 빌딩, 그리고 전혀 다른 옷과 말씨로 하나의 도시를 이루고 있었다. 내 말도 통하지 않고 그들의 글도 내가 해득할 수 없었으며, 나의 행색行色을 그들이 알아보지 못하고 다만 서로 말없이 보기만 할 뿐이었다. 층루層樓에 오래도록 머뭇거리다가 다행히 그들 중에 조선어를 아는 사람을 만나 비로소 물어볼 수가 있었다. 그러나 "소천귀小川貴와 죽내예언竹內銳彦이라는 두 사람은 그만둔 지가 벌써 5~6년이나 되었는데 이들은 모두 외지에 가 있다"라고 하며, "문부文簿는 9년 전에 보던 것이어서 어느 서고에 쌓여 있는지 알 수 없으므로, 만약 찾아보아 발견하게 되면 우편으로 보내 드릴테니 여관에 돌아가 기다리는 게 좋겠다"는 대답이었다.

그러나 망망한 섬나라에서 죽내竹內와 소천小川, 이 두 사람을 어디로 쫓아가 만날 수 있었겠는가? 누구에게 물어봐도 이들은 잘 알려진 사람이 아닌 까닭에 모두들 모른다고만 하니, 내 마음은 더욱 답답하기만 했었다. 누가 이런 심정을 알았겠느냐? 그러나 금년 봄에야 비로소 임원군荏原郡 평호촌平壕村까지 찾아가 죽내란 자를 만나게 되었고, 초여름에는 효고현兵庫縣 무고군武庫郡까지 찾아가 소천귀란 자도 만나게 되었다. 이 두 사람이 모두 말하기를 "연부年賦를 모두 갚은 후에는 그 토지를 채무인에게 되돌려주는 것이 원칙입니다"라고 하므로, 이 두 사람의 증명서를 받아 가지고 다시 본사로 들어가 문부를 조사해 보니, 어떤 도적이 그 중간에서 당초부터 간계를 부린 때문이라는 것이었다. 적반하장이란 말이 바로 이런 일을 이른 것이 아니겠느냐?

네 유언에 따라 지금 법정에 고소까지 하였으나 법리法吏의 생각이 또 어떨지 아직은 잘 모르겠다. 오늘은 네가 늘 말하던 소천귀와 죽내예언

두 사람의 증서를 너의 영탁靈卓에 펴놓고 너로 하여금 분명히 알도록 한다. 아마 너는 지금 깜깜한 저승에서 잠자고 있을 터인데, 혹 기억할 수 있겠느냐? 이런 말은 죽음을 슬퍼하고 정의情誼를 되새기는 마당에 길게 이야기할 것은 아니나, 내가 이토록 번거로운 말을 싫어하지 않고 전후의 내용을 다 적어서 네게 고하는 것은 나중 자손들로 하여금 내가 무엇 때문에 저 원수 놈의 땅으로 다시 건너갔으며, 너 또한 무엇 때문에 온 집안을 거지가 되게 했는지, 그 이유를 다 알도록 하기 위해서이다. 저 최준 형제가 만약 그 잘못을 고치지 않는다면 하늘도 두렵지 않고, 귀신도 무섭지 않다고 여기는 때문이라 하겠느냐?

아아! 우리 집안은 요즈음 몇 해 이래 세상이 바뀜에 따라 온갖 풍상을 다 겪었다. 너의 생모 정부인貞夫人을 장사지내기 바로 전날, 너는 감옥으로 끌려갔다. 그때의 상황이 워낙 위험하고 참혹하여 겨우 집 근처에 임시로 장사지내는 것으로 그냥 끝내고 말았었다. 그후에도 힘이 모자라 아직까지 딴 곳으로 옮기지도 못했는데, 또 3년이 채 못되어 백수씨伯嫂氏 숙인淑人이 우리 집에 계시다가 세상을 버리셨다. 초종初終에 쓸 수복제구壽服諸具는 네가 준비해 놓은 것이 있어서 아무 유감없이 치렀다. 그러나 너는 경성감옥에서 그 부고를 듣고 엎드려 울면서 밥도 먹지 않다가 결국 옥중에서 억울하게 죽었으니, 더욱 슬픈 일이었다.

아! 우리 형제는 모두 자식이 없어 우리 부모께서 밤낮으로 걱정하셨다. 뒤늦게 네가 태어나자, 겨우 백일이 지난 후 숙인께서 데려다 잘 길러 키우기를 마치 자기가 난 것처럼 하셨으므로, 너는 워낙 어려서 정부인에게 태어난 것을 미처 알지도 못했다. 밤이면 우리 어머님께서 끌어안고 주무셨으며, 낮이면 우리 아버님께서 등에 업고 놀기도 하셨는데, 마치 손바닥 속에 든 구슬처럼 여기셨다.

네가 겨우 다섯 살이 되던 해, 담 밑에서 여러 아이들과 놀고 있을 때였다. 어떤 노파가 바가지에 나락을 담아 가지고 문을 나서며 이르기를, "이처럼 좋은 집안에서도 거지에게 주는 곡식은 돌이 반이 넘는다"라고 하였다. 너는 그 말을 들은 즉시 노파를 이끌고 들어와 우리 어머님께 여쭙기를, "거지에게 주는 곡식은 하찮은 것에 불과한 것인데, 왜 돌이 섞인 나락으로 주셨습니까? 좋은 곡식으로 더 주십시오"라고 하므로, 어머님께서는 너의 등을 어루만지며 "어린 종년이 몰라서 그렇게 했구나"라고 하셨고, 아버지께서도 네 말을 아주 기쁘게 여기시어 "이는 다섯 살 되는 아이의 말이 아니구나"라고 하시며, 좋은 곡식 한 말을 내주셨다. 그 노파는 이런 내용을 떠돌아다니는 곳마다 전파했으므로, 너에게 축하하는 자가 많았다.

7~8세에 이르러서는, 아이들 중에 떨어진 옷을 입은 아이가 있으면 입었던 옷을 벗어 입히는 일이 자주 있었다. 그러므로 숙인께서는 너의 의복은 늘 여유가 있도록 많이 만들어 보관해 두셨으며, 우리 부모님께서도 너를 사랑스럽게 여기어 늘 무릎 앞에 있도록 하셨다. 불초不肖한 나로서도 부모께서 너를 사랑해 주시는 것을 알고 역시 사랑스럽게 여

겼으며, 너도 나를 염려하는 마음이 지극하였다. 내가 혹 어려운 일을 네게 시켜도 너는 어렵게 여기지 않고 늘 시키는 대로 했으며, 내가 너의 행동을 정부인에게 이야기하면, 정부인은 너를 효자라고 칭찬하기도 했었다.

아! 나는 일찍이 멀리 나가 여러 해를 보냈는데, 너를 꿈에 본 다음 날 아침이면 반드시 너의 편지가 이르곤 하여, 내가 이것을 징험으로 삼자, 옆에서 보는 이들은 내게 앞날을 내다보는 거울이 있다고 하기도 했다. 내가 경성에 있을 때나 선양瀋陽에 가 있었을 때, 또 네가 옥중에 있을 때도 마찬가지였으며, 지난 해 내가 도쿄에 가 있을 때에도 너를 꿈에 세 번이나 보았는데, 역시 세 번 다 편지가 왔었다.

첫 번째 편지에는 "몸을 깨끗이 갖고 죽는 것이 저의 소원입니다. 어찌 구구한 짓을 할 필요가 있겠습니까"라고 하였고, 또 두 번째 편지에는 "죽으면 죽었지, 저들과 더불어 삶을 구한다면 사는 것이 죽는 것만 못합니다. 본래부터 이렇게 결정한 저의 마음을 왜 모르십니까?"라고 하였으며, 또 세 번째 편지에는 "만약 제가 불행하게 되면, 먼 만 리 밖에서 허탈해 하실까 늘 밤낮으로 걱정입니다. 빨리 돌아오셔야만 한 번 만나 뵙고 영결永訣 말씀을 여쭐 수 있겠습니다. 이것이 바로 저의 소원입니다"라고 했기에, 나는 즉시 돌아와 옥중으로 들어가 너를 만났었다. 그랬더니 너는 눈물만 철철 흘리면서 "저의 원하는 것이 다 이루어 졌습니다"라고 했었다. 그런데 지금은 내가 도쿄에 건너가 있으면서 꿈에 너를 보았는데도 다음 날 아침에 편지가 오지 않으니, 네가 정말로 죽었나 보다. 네가 죽었는데도 지금 나는 머리가 백발이 된 이 늙은 나이에 온갖 고난을 겪으면서 네가 죽은 기일을 두 번이나 맞이하였으나 나는 참으로 너를 잊었나 보다. 잊어버린다는 것은 본래 내가 하고 싶은 바이나, 조금 잊을 만하면 지나간 준浚의 일이 늘 나의 마음을 어지럽힌다. 갑자기 너의 몸이 내 눈앞에 서 있는 듯하고, 네 음성이 내 귓가에 들리는 듯하여 나 자신도 모르게 마음속에 맺혀진 한이 불처럼 일어난다. 마치 미친 듯이 땅바닥을 두들기며 울음을 터뜨리고 공연히 나의 정신만 손상시키게 되니, 이는 잊으려고 하는 것이 도리어 잊을 수 없도록 하는 셈이 되는구나.

아아, 다 끝나고 말았으니, 이 모두를 다 천운이라 할까?

아아, 내가 도쿄에 있을 때에 여비를 구하기가 어려워 돌아오지 못하던 중 아버님의 기일을 만나게 되었으니, 어찌 밤에 잠을 잘 수 있었겠느냐? 다시 몸을 닦고 관복 차림으로 앉아 새벽 닭 소리가 들릴 때까지 기다렸었다. 닭이 운 후, 의자에 기대서 잠깐 졸게 되었는데, 갑자기 꿈을 꾸었다. 우리 부모·제부·숙인·정부인이 모두 한 마루에 계셨는데, 너는 청포靑袍와 오관烏冠 차림으로 기쁜 모습을 지으면서 그분들을 모시고 섰다가 나를 보자 옛날 살았을 때처럼 따뜻한 웃음을 지었다. 나는 이러한 꿈을 깨고 슬픔을 견딜 수 없어 시를 지었는데, 그것은 아래와 같다.

나의 부모님이 지금 네 앞에 계시나	吾父母今置汝前
이승에서 받은 사랑의 인연이 끊겼구나	人間偏愛斷因緣
아! 저 까마득한 저승에서	於乎漠漠泉臺下
끝없는 이 원통함을 누구에게 전하랴	此恨無窮孰可傳

아! 너는 깜깜한 저승에서 잠들어 있으면서 지극한 효성으로 이토록 나를 잊어버리지 않았건만, 나는 도리어 너를 잊어야겠다는 것으로써 내 몸만 보호할 비결을 삼으려고 하였으니, 나는 참으로 너를 차마 잊을 수 있는 사람일까? 아! 너는 우리 부모께서도 사랑스럽게 여기셨고, 또 숙인께서도 많은 사랑을 베풀어 주셨는데, 지금도 저승에서 기쁜 모습으로 모시는 낙을 얻게 되었으니, 이 인간 세상에서 천신만고를 겪으면서 살고 있는 나보다 도리어 더 낫다 할 수 있겠다.

네 아내가 낮에도 가끔 울음소리를 내는 바람에 나의 심간心肝을 마치 칼로 도려내는 듯하며, 우리 형님은 흰머리를 날리면서 고독한 생활로 남에게 얹혀 있게 되었으니, 내가 목석이 아닌 만큼 이 쌓이고 쌓이는 한이 먼 우주까지 뻗치지 않을 수 있겠느냐? 아! 참으로 비참한 신세이다.

네가 죽은 후 몇 달이 안 되어 도손道孫이 아들을 낳았다. 그가 임신했다는 말은 네가 옥중에 있을 때 들었을 줄 아나, 그가 태어난 일은 네가 모르겠기에 지금 들려주는 것이다. 아이의 이름은 호동浩東이라 지었는데, 생긴 미목眉目이 아주 청수하고 살결도 마치 옥설玉雪처럼 깨끗하다. 지금 나이는 세 살인데, 말도 할 줄 알고 걸음도 제법 걷는다. 하늘이 부여한 자질이 매우 강명剛明하게 보이니, 참으로 우리 집 아이라 하겠다.

나는 이 아이를 끌어안고 희롱 삼아 이르기를 "너의 할아비는 내게는 바로 아들이었고, 너의 아비는 나를 종조從祖라고 불렀다. 너는 나를 종증조從曾祖라고 불러야 하며, 내가 죽은 후에는 너는 시복緦服을 입어야 하는데, 옛날 성인이 이렇게 마련한 예제禮制는 인정에 따라 후하고 박함의 차이가 있다는 것이다. 내가 죽은 후 제사를 지낼 때에 이 말을 잊지 않고 늘 제사에 참여하겠느냐?"라고 하였다.

우리 형님도 이 아이를 끌어안을 때면 마음속의 울화증을 풀고 약간이나마 웃음을 지으시며, 네 아내도 그 손자를 안으면 울음을 그치고 억지로 밥도 먹으면서 이 저주할 세월을 보내고 있다. 세상의 흥폐興廢와 성쇠란 서로 바뀌어지는 바가 시대에 따라 한이 없다. 이로 본다면 앞으로 우리 집안이 중흥될 조짐이 이 아이에게 있다고 하겠다. 나는 이것만을 기대하면서 스스로 위로하며 살아갈 뿐이다.

아! 맨 처음 네가 구속되어 갈 때에 나를 돌아보면서 따라오라고 한 말은 나를 지극히 염려한 때문이었고, 내가 너를 따라다니게 된 것 또한 잊을 수 없는 사랑 때문이었다. 바로 위험한 지경에 이르러 한 부탁이었는데, 아비된 나로서 어찌 저버릴 수 있었겠냐? 그러므로 경주에서 대구까지, 대구에서 공주까지, 공주에서 경성까지 따라가게 되었고, 또 경성에서 다시 대구까지 따라가기도 했다. 5년 동안 남쪽과 북쪽으로 수없이 쫓아다닌 것은 너의 목숨을 꼭 살려보려고 한 것인데, 너는 끝내 죽음을 당연한 일로 알고 그만 후회 없이 가버렸다. 이로 본다면 너의 죽음이 오히려 나의 산 것보다 낫다 하겠다.

나는 지금 남중南中에 있는데, 몇 달 동안 각기증이 더 심해져 몸에 살이 빠지고 뼈만 남았으며, 약을 먹어도 효력이 없으니 이것은 말기 증세인 듯하다. 그러나 지금 내 나이 이미 63세나 되었으니, 죽은들 무엇 아까울 것이 있겠느냐? 머지않아 저승으로 돌아가게 되면, 우리 부모님도 나를 사랑하는 자애로운 정이 내가 너를 사랑하는 것보다 못하지 않을 것이다. 인간 세상에서 한 번 작별한 것은 순식간에 불과할 뿐이나 지하에서 만나게 됨은 장차 한이 없을 것이다. 이렇게 되면, 네가 오늘 아침 나의 이 말을 듣고 반드시 슬퍼하지 않으며, 또는 내가 가는 날 기쁜 모습으로 미리 기다리게 되지 않겠느냐?

너를 장사지내던 날에는 내가 갑자기 눈이 어두워지고 귀도 들리지 않아 붓을 잡을 수 없었으며, 또 소상에는 마침 설사를 앓고 있어 누워 있노라 제문을 쓰지 못했다. 지금 삼상三霜이 되었는데 끝내 한마디 말이 없다면 부자간 은정恩情이라 할 수 있겠느냐? 그래서 마음속에 쌓인 생각을 글로 표현하다 보니 이처럼 장황하지 않을 수 없었다. 이 점은 네가 양해해 주어야 할 것이다.

오직 이 제문은 내가 너에게 이별을 말하는 바요, 이 술과 음식은 오직 내가 너에게 먹고 마시도록 권하는 바이다. 너는 감격스레 여기면서 흐르는 눈물을 닦고 흠향하기 바란다.

오호! 가슴 아프다! 많이 들기 바란다.

박상진의 삶과 자취

1884. 12. 7	울산광역시 북구 송정동에서 밀양 박씨 시규時奎(1861~1928)와 여강 이씨 석태錫泰 사이에서 장남으로 출생. 생후 100일 만에 백부 시룡時龍(1851~1930)에게 입양 출계하여 경북 경주시 외동면 녹동리에서 성장. 자는 기백幾伯, 스스로 붙인 호는 고헌固軒
1885. 4	생부 시규 을유乙酉 식년시式年試 을과乙科 급제
1890	사종형 규진烓鎭(1855~1928)에게 한학 수학
	양부 시룡 별시 문과 을과 제3인 급제
1895	조부 용복容復 사망
1898	경주 부호인 월성 최씨 현교鉉敎의 장녀 영백永伯(1882. 3. 20생)과 혼인. 규진을 따라 진보 홍구로 옮겨 수학 중에 허위를 만나 인사
1899	왕산旺山 허위許蔿(1885~1908) 문하에 입문
1901	장남 경중敬重 출생
1902	상경하여 허위에게 정치와 병학을 수학
1904	장녀 창남昌南 출생
	집안의 노비를 해방시키고 적서의 차별 철폐
	허위의 권고로 신학문 수용
1905	2월에 개교한 양정의숙 전문부에 입학하여 신학문법률·경제 공부

	중국인 반종례潘宗禮를 따라 중국 텐진을 여행하며 제국주의 열강의 침략 현장을 목격. 이 때 무기를 구입하였다고 함
1906	외교관 및 선교사들과 접촉하며 신문물과 국제정세 습득
	신돌석申乭石과 의형제 결의
1907	헐버트Hulbert 목사의 주선으로 헤이그 특사로 떠나기 전 평리원 검사 이준李儁을 만남
	스승 허위의 2차 의거(1907. 9, 강화의진)에 군자금 제공
1908. 봄	안희제安熙濟와 함께 양정의숙 전문부 졸업(제1회)
	교남교육회(서울, 3. 15 결성) 가입
	스승 허위가 순국하자 시신을 수습하여 장례 모심
1909. 1	융희황제의 남도 순행(1. 17~1. 23)을 이용하여 동래온천에서 친일 매국적을 처단하려 계획하였으나 실패
1910. 봄	판사 등용 시험에 합격하여 평양지원에 발령이 났으나 부임하지 않고 사직
	남북 만주를 일주하고 함경도 산간을 다니며 동지 규합에 힘씀(이를 전후하여 신민회에 가입하여 활동한 것으로 추측)
1911. 봄	의주와 중국 안동현에 안동여관을 설치하여 거점으로 삼음
	만주와 연해주 여행하며 동지들과 독립운동 방략 협의
10. 15	양부 회갑을 구실로 동지들을 모아 국외 동포들의 실정과 사관 양성 등 독립운동 상황을 전하고 독립운동 자금 조달을 위해 부호들의 만주 이주를 권유. 또한 동지들을 보부상으로 가장하게 하여 만주가 살기 좋은 곳으로 선전하는 유세대誘說隊를 편성하여 큰 효과를 거둠. 이들을 경천어동지회敬天語同志會(일명 경천어주의자)라 하였다 함
	중국 상하이 등지를 여행하며 신해혁명의 상황 목격

1912	대구에서 독립운동 연락 거점으로 곡물상회인 상덕태상회 설립
	풍기의 채기중을 방문하여 공동 투쟁 결의
1913. 9	서상일 등이 재조직한 달성친목회에 가입
	다시 상하이를 방문하고 난징에서 쑨원을 만나 독립운동의 당위성을 역설하고 지원을 호소. 쑨원으로부터 최신 미제 권총 1정을 받았다고 함. 또한 만주 군벌 장쭤린과도 독립군 기지 사용 문제에 대해 협의하였는데, 장쭤린의 한국 독립운동에 대한 지원 의사가 약하므로 이후에도 만주에 갈 때마다 장쭤린을 만나 부탁하였다고 함
1914. 3.	대구에서 포목상 내외물산을 열었으나 사업 부진으로 6개월 만에 정리
	임병찬이 중심이 되어 조직한 독립의군부에 가입
1915. 1. 15	조선국권회복단이 결성되자 가입
8. 25	대한광복회를 조직하여 총사령에 취임
	광복회 지린지부 결성
1917. 7	대구권총사건으로 구속되어 6개월 옥고를 치르고 출옥. 신흥무관학교가 처한 재정 문제를 협의하기 위해 잠입한 김동삼을 만나 협의 후 도만
1918. 2. 1	생모 장례에 참석하였다가 일제에 체포
10. 19	공주지방법원에서 예심
1919. 2. 28	공주지방법원에서 보안법위반 공갈 살인 방화 강도 범인장닉 총포화약류취체령위반 횡령 등 죄목으로 채기중·김한종·김경태·임세규·강순필 등과 함께 사형선고
1920. 3. 1	고등법원에서 대구복심법원으로 관할 법원 지정 이송 판결

	9. 11	대구복심법원 형사 1부에서 김한종과 함께 사형선고
	11. 4	고등법원에서 상고 기각. 사형 확정
1921. 8. 11		오후 1시. 대구감옥에서 유시 남기고 교수형 순국
	8. 21	경주시 내남면 노곡리 백운대에 안장
1963. 3. 1		건국공로훈장 단장(건국훈장 독립장) 추서
1996. 8		이달의 독립운동가 선정(국가보훈처·독립기념관 공동 선정)
1997. 10. 9		박상진 생가(울산광역시 북구 송정동 355) 울산광역시 문화재 자료 제5호로 지정

참고문헌

자료

- 『순종실록』
- 『독립신문』, 『대한매일신보』, 『매일신보』, 『동아일보』, 『조선일보』
- 金喜坤 編, 『朴尙鎭資料集』, 한국독립운동사자료총서 제15집, 독립기념관 한국독립운동사연구소, 2000.
- 허은, 『아직도 내 귀엔 서간도 바람소리가(개정판)』, 민족문제연구소, 2010.
- 류시중·박병원·김희곤 역주, 『국역 고등경찰요사』, 안동독립운동기념관 자료총서 3, 도서출판 선인, 2009.
- 임형택 외 역주, 『역주 매천야록』, 문학과 지성사, 2005.
- 『韓國痛史』, 『백암박은식전집』 제1권, 백암박은식전집편찬위원회, 2002.
- 『언행록 – 화사 이관구 자료집(1)』, 화사선생기념사업회, 2003.
- 『화사유고(전4권)』, 화사이관구선생기념사업회, 2011.
- 蔡根植, 『武裝獨立運動秘史』, 대한민국공보처, 1946.
- 『韓民族獨立運動史資料集』 7~8, 국사편찬위원회, 1988~1989.
- 『韓民族獨立運動史資料集』 32, 국사편찬위원회, 1997.
- 姜德相 編, 『現代史資料』 25, みすず書房, 1972.
- 朝鮮憲兵隊司令部, 『大正8年 朝鮮騷擾事件狀況』, 국학자료원, 1995.

단행본

- 권대웅, 「1910년대 국내독립운동」, 『한국독립운동의 역사』 15, 한국독립운동사편찬위원회·독립기념관 한국독립운동사연구소, 2008.
- 김희곤, 『신돌석 백년만의 귀향』, 푸른역사, 2001.

- 김희곤 외,『왕산 허위의 나라사랑과 의병전쟁』, 구미시·안동대학교박물관, 2005.
- 김희주,『대한광복단의 민족운동연구』, 한국학술정보, 2006.
- 박걸순,『시대의 선각자 혁신유림 류인식』, 지식산업사, 2001.
- 박걸순,『충북의 독립운동과 독립운동가』, 국학자료원, 2012.
- 朴中焄,『고헌 박상진과 광복회 사람들의 이루지 못한 혁명의 꿈』, 울산광역시·고헌박상진의사추모사업회, 2008.
- 朴桓,『滿洲韓人民族運動史研究』, 一潮閣, 1997.
- 尹慶老,『105人事件과 新民會研究』, 一志社, 1990.
- 尹炳奭,『國外韓人社會와 民族運動』, 일조각, 1990.
- 趙東杰,『韓國民族主義의 成立과 獨立運動史研究』, 지식산업사, 1989.
- 趙東杰,『韓國民族主義의 發展과 獨立運動史研究』, 지식산업사, 1993.

논문

- 강영심,「朝鮮國權恢復團의 結成과 活動」,『한국독립운동사연구』제4집, 독립기념관 한국독립운동사연구소, 1990.
- 권대웅,『1910年代 慶尙道地方의 獨立運動團體 研究』, 영남대학교 박사학위논문, 1993.
- 권대웅,「韓末 嶠南敎育會 研究」,『重山鄭德基博士華甲紀念韓國史學論叢』, 重山鄭德基博士華甲紀念論叢刊行委員會, 경인문화사, 1996.
- 권대웅,「朴尙鎭의 생애와 독립운동」,『東學研究』28, 한국동학학회, 2010.
- 金祥起,「해방 후 光復團의 재건과 新都支部」,『한국근현대사연구』제17집, 한국근현대사학회, 2001.
- 金祥起,「韓焄의 항일투쟁과 광복단」,『호서지방사연구』, 경인문화사, 2003.
- 金祥起,「한말 일제하 洪城지역 儒林의 형성과 항일민족운동」,『한국근현대사연구』제31집, 한국근현대사학회, 2004.
- 金昌洙,「大韓光復團의 成立과 活動」,『鶴山金廷鶴博士頌壽紀念韓國史學論叢』, 간행위원회, 1999.

- 김호일, 「일제하 大韓光復團의 역사적 위상」, 『백산학보』 70, 백산학회, 2004.
- 김희주, 『大韓光復團硏究』, 東國大學校博士學位論文, 2002.
- 김희주, 「素夢 蔡基中의 抗日獨立運動」, 『東國史學』 제38집, 동국사학회, 2002.
- 김희주, 「日帝下 大韓光復團의 組織變遷과 그 특질」, 『정신문화연구』 95, 한국학중앙연구원, 2004.
- 박걸순, 「1910년대 비밀결사의 투쟁방략과 의의」, 『한국독립운동사연구』 45, 독립기념관 한국독립운동사연구소, 2013.
- 박민영, 「왕산허위의 후기의병전쟁」, 『왕산허위의 나라사랑과 의병전쟁』, 구미시·안동대학교박물관, 2005.
- 박영석, 「대한광복회연구 – 박상진 제문을 중심으로」, 『한국민족운동사연구』 1, 한국민족운동사연구회, 1986.
- 박중훈, 「풍기광복단의 명칭과 1916년 재흥설 검토」, 『안동사학』 5, 안동사학회, 2000.
- 박중훈, 「固軒 朴尙鎭의 生涯와 抗日鬪爭活動」, 『國學硏究』 제6집, 국학연구소, 2001.
- 朴烜, 「大韓光復會에 관한 새로운 사료 『義勇實記』」, 『韓國學報』 제44집, 일지사, 1986.
- 朴烜, 「화산 이관구의 민족의식과 항일독립운동」, 『숭실사학』 23, 숭실사학회, 2009.
- 손정숙, 「舊韓末 헐버트(Homer B. Hulbert)의 對韓認識과 그 活動」, 『梨花史學硏究』 제22집, 이화사학연구소, 1995.
- 愼鏞廈, 「新民會의 創建과 그 國權恢復運動」, 『韓國學報』 제8집, 일지사, 1977.
- 愼鏞廈, 「申采浩의 光復會 通告文과 告示文」, 『韓國學報』 제32집, 일지사, 1983.
- 愼鏞廈, 「許蔿義兵部隊의 抗日武裝鬪爭」, 『한민족독립운동사논총』, 수촌박영석교수화갑기념논총간행위원회, 1992.
- 吳世昌, 「碧燾 梁濟安의 抗日救國運動」, 『尹炳奭敎授華甲紀念 韓國近代史論叢』, 1990.

- 尹慶老, 「Homer B. Hulbert의 韓國觀研究」, 『韓國思想』 제18집, 한국사상사학회, 1981.
- 李相燦, 「大韓獨立義軍部에 대하여」, 『이재룡박사환력기념한국사학논총』, 1990.
- 李成雨, 「대한광복회 충청도지부의 결성과 활동」, 『한국근현대사연구』 제12집, 한국근현대사학회, 2000.
- 李成雨, 「大韓光復會 滿洲本部의 設置와 活動」, 『호서사학』 제34집, 호서사학회, 2003.
- 李成雨, 「籌備團의 조직과 활동」, 『한국근현대사연구』 제25집, 한국근현대사학회, 2003.
- 李成雨, 「백야 김좌진의 국내민족운동」, 『호서사학』 제44집, 호서사학회, 2006.
- 李成雨, 「光復會 명칭과 성격에 대한 검토」, 『한국근현대사연구』 제41집, 한국근현대사학회, 2007.
- 李成雨, 『光復會研究』, 충남대학교대학원 박사학위논문, 2007.
- 이현희, 「허위의 의병투쟁과 서대문형무소」, 『한국민족운동사연구』 29, 한국민족운동사학회, 2001.
- 張錫興, 「광복단결사대의 결성과 투쟁노선」, 『한국근현대사연구』 제17집, 한국근현대사학회, 2001.
- 조준희, 「大韓光復會 平安道支部長 敬齋 趙賢均」, 『한국민족운동사연구』 제24집, 한국민족운동사연구회, 2000.
- 조준희, 「대한광복회연구 : 황해도지부와 평안도지부를 중심으로」, 『국학연구』 제6집, 국학연구원, 2001.
- 한규무, 「계몽운동 계열의 비밀결사」, 『한국독립운동과 1910년대 비밀결사』, 독립기념관 한국독립운동사연구소, 2013.
- 홍영기, 「1910년대 전남지역의 항일비밀결사」, 『전남사학』 제19집, 전남사학회, 2002.
- 홍영기, 「의병운동 계열의 비밀결사」, 『한국독립운동과 1910년대 비밀결사』, 독립기념관 한국독립운동사연구소, 2013.

찾아보기

ㄱ

간도관리사　120
간친회　68
갑신정변　15
갑오개혁　40, 64
갑인상회　101
강 모　163
강병수　114, 164
강석주　133, 162, 164
강순의　162
강순필　134, 157, 163
강유원　68~70
강의원　68
강정만　163
강화의영　37
건국동맹　42
겐요샤　192
경북우편마차암습사건　139
경성독립비밀단　108, 111
경성신문사　167
경신학교　167
경천어동지회　92
경천어주의자　92
경학사　86~89
고등경찰요사　71, 72, 79, 124

고석진　31
고제신　135, 168
고쿠류가이　192
고헌박상진선생약력　74
고후주　137
곽세헌　67
곽종석　31
광동학교　43
광복단　89, 112, 169
광복단결사대　165, 168
광복회　46, 59, 65, 71, 82, 83, 92, 94, 95, 99, 104, 107, 109, 110, 112, 114~118, 122~125, 127, 128, 130, 131, 133~139, 143~146, 149, 151, 152, 155, 157, 158, 160, 161, 165, 168~170, 173, 175, 177
광복회사건　157
교남교육회　46, 62~65, 68, 70, 71, 82
교남교육회잡지　63
교남학생친목회　64
권병훈　177
권상석　143, 145, 161, 164
권상수　126
권성욱　156, 157
권세연　29, 30
권영만　35, 122, 125, 134, 139, 141, 165, 169

권영목 124~126, 163
권의식 163
권재하 146
권준흥 162, 164
권준희 162
권중식 163
기성볼단 108, 110, 111
기재연 162, 164
김경태 133, 158, 161, 164, 165
김굉 29
김구 81
김낙문 146
김노경 124, 164
김노향 125, 126
김대락 79, 84, 89
김덕규 58
김덕기 52, 100
김도화 28~32
김동삼 82, 84, 88, 89
김동호 122, 123, 154, 162, 164, 173
김락 171
김병수 195
김병식 122
김복한 31
김산의진 34, 35, 37, 62, 80, 95
김상연 50, 51
김상옥 168
김상운 137
김상준 161, 164
김석연 155
김선호 122
김성묵 162

김성일 29
김성환 101, 102
김순흠 30
김영화 143
김영환 162
김완묵 162
김요현 158
김용한 154
김원묵 161, 164
김응하 143
김재열 114, 123, 134, 144, 184
김재인 162
김재정 133, 161, 164
김재창 123, 161, 164, 165
김재철 161, 164
김재풍 161, 164, 165
김종직 11
김좌진 40, 41, 44, 46, 58, 59, 61, 78, 112, 128, 130, 143, 155
김진만 122, 134, 144
김진우 134, 143, 144
김진택 122
김창규 163
김창식 80
김천해 197
김춘옥 143
김태수 135
김한종 122, 130, 131, 133, 146, 148, 152, 154, 158, 161, 164, 165, 171~173, 181
김항규 59
김홍진 59
김흥락 29, 30, 31

ㄴ

나석주 136
나철 135
남한조 28, 29
남형우 68, 82
내외물산 27
네브래스카 무관학교 111
노백린 59, 81, 89
노응규 33
노재성 146, 163
니시자카 유타카 52

ㄷ

다카하시 도오루 30
다카하시 아야노스케 177
단천자립단 108, 110, 111
달성친목회 64, 65, 67~71, 83, 108, 110, 114, 133~145
대고려국 192, 195, 197
대고려국창설가 195
대구권총사건 69, 70, 89, 101, 131, 134, 143~145, 157, 170
대동단결선언 115
대동상점 123~125, 127, 134, 139
대동청년단 71, 72, 82, 108, 110
대동청년당 71, 89
대야봉차랑 140
대한광복단 112
대한광복회 112
대한독립의군부 74, 78
대한매일신보 81

대한무관학교 169
대한민국임시정부 165, 168
대한자강회 62
대한협회 66
데와 시게토 76
도란사 108
도야마 미츠루 192
독립의군부 76, 79, 80, 107, 109, 110, 114, 135
동래부학생친목회 64
동아동문회 192

ㄹ

량치차오 192
러일전쟁 52
류시만 162
류인식 30~32, 40, 41, 43, 44, 46, 62, 82, 84, 88, 89
류중협 161
류치명 28~30
류필영 28~32

ㅁ

마사키 마사히 191
맹사원 125
문기성 101
문봉래 162
문응극 101, 123
미가인육 66
미쓰이물산주식회사 27, 100, 102
미주 공립협회 81

민긍호　58
민단조합　107, 109, 110, 114, 134, 146
민영환　30, 53
민족문화수호운동　111

ㅂ

박계양　124
박규진　28, 37
박동흠　137
박만서　51
박문오　137
박문일　137, 138
박민동　184
박상진　10, 11, 13, 15, 16, 18~20, 23, 25, 27, 28, 32, 34~37, 39, 40, 44~47, 51, 52, 57~60, 62~65, 70, 71, 74, 77, 80~83, 89~102, 104, 112, 114, 122~125, 128, 130, 131, 134~136, 139, 141, 143, 144, 146~148, 154, 156, 157, 160, 161, 164, 165, 170~173, 175, 177, 178, 180~182, 184~191, 197
박시규　16, 27, 63~65, 173, 175, 177, 178, 180, 182, 185, 188~191, 197
박시룡　16, 90
박시봉　58
박시주　30, 32, 37
박씨문헌록간행역소　46
박영모　66
박용만　111
박용복　13, 14
박용하　157, 158, 160, 170
박원동　137, 165

박은식　54
박장희　123, 162
박재선　124~126
박정동　62
박제선　124
박준영　66, 69, 72
반종례　52~54, 57
배상락　67
배상렴　67
배상철　122, 184
백산상회　101, 102
백산실기　98
백하일기　84
변동환　137
변창희　152
병배시비　11
병호시비　11
보광학교　62
보성전문학교　48, 50
보합단　108
봉오동　88
부민단　33, 97, 135

ㅅ

사이토　177
사회진화론　105
산남의진　95, 96, 134, 169
삼달양행　98, 101, 139
상덕태상회　27, 70, 71, 83, 98, 100, 102, 139
상동교회　81
상원양행　101, 139

239

서간도시종기 84
서기수 67
서대문형무소 39
서도현 135, 157, 160
서병룡 69
서병호 167
서사록 84
서상규 66
서상일 66~71, 82, 184
서우순 69, 143, 144
서인선 135, 160
서창규 67, 144, 149, 160
석진형 50, 51
선명당 107
성낙규 138, 156, 165
성달수 161
성달영 133, 164
성문영 159, 162, 164
소진형 165, 168
손기찬 164, 165
손병희 58
손일민 78, 83, 98, 99, 127, 130
송병선 137, 138
송병준 74, 77
송병직 74, 77
송주찬 126
송죽회 108, 110, 111
숙친왕 190
스사노 노미코토 194
스에나가 미사오 191, 192, 195, 197
스에나가 시게츠구 191
신기선 35

신돌석 57, 61
신민회 40, 59, 74, 78, 80~84, 88, 89, 92, 118
신백우 100
신석환 167
신양춘 133, 164
신옥현 133
신우선 51
신채호 78, 81, 98, 99, 156
신철균 163
신충섭 143
신태응 162
신한혁명단 114
신해혁명 93, 94, 112
신흥강습소 86, 88, 89
신흥무관학교 88~91, 93
심영택 167
쑨원 93

ㅇ

아직도 내 귀엔 서간도 바람소리가 99
아카시 겐지로 107
안가시태랑 177
안국선 51
안동여관 76, 83, 98, 99, 139
안동의병 29, 30
안동의진 62
안우선 155
안일암 67, 71
안일암사건 71
안종운 165, 167
안종원 51

안중근 30, 81
안창수 163
안창호 80, 81
안희제 48, 52, 82, 101, 102
암살단 110, 168
양기탁 78, 81, 82, 98, 99
양대경 173, 177
양벽도공제안실기 95
양봉제 137
양재학 157
양재훈 127
양정고등보통학교 48
양정의숙 37, 47, 48, 50~52, 57, 60
양정의숙경축가 51
양제안 35, 83, 94~98, 114, 134
양택선 137
양한위 95, 123, 169
어재하 123, 130, 163
엄정섭 148, 154, 169
엄주익 48, 50, 51
여영소 33
여영조 80
여운형 40, 42~44, 46, 167
여준현 167
여중룡 37
연기청년회 108
영남만인소 31
영우회 62
영월중석광 146
오동진 136
오오쿠보 마사히코 177
오재숙 69

오찬근 137, 165
오혁태 52, 100
우과길 144
우리견 148, 149, 163, 173
우용택 37
우재룡 95~98, 114, 116, 122, 127, 134, 139, 141, 148, 154, 158, 165, 168, 169, 175
우중룡 62
우치다 료헤이 192, 197
운산금광 141
원헌 190
위안스카이 53, 94
유동열 59, 81
유명수 124~126
유명식 124
유문환 51
유세대 92
유승겸 51
유인석 137, 138
유장렬 114, 135, 160
유중협 164
유창순 114, 122, 133, 148, 154, 157, 164, 165, 173
유창형 161
유치형 51
육군무관학교 59
육영공원 60
윤창기 66
윤창하 154, 162, 164, 165
윤치성 59
윤치호 105
윤헌 137

윤현진　102
윤현태　101, 102
융희황제　76
은적암　67
을미사변　31, 33
을미의병　29, 33, 35, 62, 134
을사늑약　52, 53, 57, 60
의열단　110
이각렬　164
이갑　59, 81, 89
이강년　37, 58, 134
이강년의진　109
이관구　94, 97, 99, 101, 112, 114, 135~139, 141, 156, 165, 169
이교덕　124, 125, 127
이규환　177
이근석　137, 138
이근영　137, 165
이근우　66, 67
이기상　79, 80
이기영　80
이기옥　122
이기정　155
이기찬　33, 34, 80, 177
이기하　33, 80
이노우에 마사시　192
이누카이 츠요시　192
이덕재　163
이동녕　81, 86, 88
이동영　11
이동휘　81
이동흠　134, 170
이만도　170

이면우　51
이명서　123
이민식　167, 168
이병구　37, 62
이병온　135
이병찬　122, 154
이병호　134, 164
이병화　135
이복우　122
이상규　195
이상룡　29, 40, 41, 44, 46, 79, 84, 86~89
이상용　82
이상재　81
이상정　28, 29
이석희　138
이성녀　158
이승우　177
이시야마　143
이시영　66, 67, 70, 79, 102, 114, 144, 145
이식재　146
이연희　162
이완용　77
이용무　51
이윤양　138
이윤재　78
이은숙　84
이은영　80
이인실　101, 102
이인영　36, 80
이일우　67
이장우　144

이재   29
이재덕   123, 162, 164
이재명   30
이재호   163
이재환   165
이정필   170
이정희   164, 169, 185
이종영   123, 163
이준   30, 60
이중업   134
이중환   120
이진룡   112, 130, 137, 141, 143
이진우   51
이철순   155
이춘상회   101
이토 히로부미   81
이학희   97, 135, 138
이해량   98, 101, 122
이현일   29
이홍주   127
이화숙   138
이황   29
이회영   40, 42, 44, 46, 83~87
이희구   133
임고서원   11
임병찬   79
임봉주   157, 158
임성태   168
임세규   143, 145, 158, 164, 165
임시정부   167, 168

ㅈ

장관찰   148
장남칠   135
장도   50, 51
장두환   122, 133, 139, 148, 154, 158, 161, 164, 165
장승원   157, 158, 170
장유순   87
장응규   167
장지연   36, 44, 82
장쮜린   93, 94
장홍효   29
재건광복회   112, 169
재흥 달성친목회   72
전경운   34
전덕기   81
전봉초   114
전일본소림권무덕회   195
정구   11
정래붕   163
정사보   46
정성산   163
정세여   154
정송산   163
정순영   101, 114
정안립   192, 195
정우풍   163, 164
정운기   114, 133, 164
정운일   67, 68, 70, 114, 134, 144
정응봉   124, 125, 127
정의극   124
정재목   123

243

정재학　144
정재학파　28, 29, 31, 32
정진화　114, 154, 164
정철화　80
정태복　133, 154, 161, 164
정환직　96
조국회　192
조맹선　137
조백영　137
조봉하　163
조선고사연구회　192, 194, 195
조선국권회복단　70~72, 83, 108, 110, 112, 114, 133, 134, 143~145
조선국권회복단 중앙총부　66, 72
조선국민회　108, 110, 111
조선독립개성회　108
조선독립고흥단　108, 111
조선독립기성회　111
조선독립단 이원지단　108
조선산직장려계　108, 110, 111
조선환　137, 156
조성환　81
조용구　162
조용승　137
조용필　109, 114, 134, 154, 162, 164
조우경　146
조재하　125, 164
조종철　161, 164
조현균　112, 122, 137
주비단　165, 167, 168
주비단규칙서　167
주진수　127
지린광복회　127, 128, 130

직산금광　146
진구황후　194
진무천황　194
진보의진　33, 134

ㅊ

채경문　162
채기중　95, 114, 116, 122, 131, 134, 139, 146, 148, 149, 153, 154, 157, 163~165, 173
채소몽　163
천도구국단　111, 112
천마산대　108
청도회의　81
청림교　138
청산리 대첩　88
청일전쟁　93
청파오조약소　30
최경천　20
최남선　51
최면식　164
최병규　68, 134, 144
최봉주　122
최세린　22
최영백　20, 24, 46
최예　20
최윤　185
최익현　30, 137, 138
최정현　138
최준　22~27, 58, 104, 114, 122, 139, 148, 164, 175, 182, 184~186, 190
최준명　134, 144

최진립 20
최치원 20
충의사 62
충주상회 101

ㅋ

캉유웨이 192

ㅌ

태궁상회 71
태극교 80
택리지 120

ㅍ

파리장서 운동 31, 72
평북상회 101
평산의진 137
풍기광복단 95, 107, 109, 110, 112, 114, 134, 135, 139

ㅎ

하라 다카시 177
하마 테츠마 192
하와이 대조선국민군단 111
한국통사 54
한봉수 141
한성근 138
한일의정서 36
한훈 114, 135, 165, 168, 169

허겸 33, 39, 80
허목 11
허백 184
허신 33
허위 32~39, 44~47, 62, 77, 79, 80, 89, 94, 95, 97, 134, 157, 158
허은 89, 99
허조 33
허학 80
허혁 97, 99, 135
허환 64
허훈 33, 39
헐버트 60, 61
헤이그 만국평화회의 60
헤이그 특사 52
혈성단 108
협동학교 43
형평운동 43
혜성단 108, 111
호남창의회맹소 135
호명학교 41, 58
홍주문화권 133
홍주의병 95, 133, 135
홍주일 70, 114, 134, 145
홍현주 133, 162, 164
황학성 123, 161, 164
황희덕 122
흠치교 109
흠치교 비밀결사 107
흰얼모 108

245

독립전쟁론의 선구자 광복회 총사령 박상진

1판 1쇄 발행 2014년 12월 20일
1판 2쇄 발행 2021년 5월 31일

글쓴이   박걸순
기 획   독립기념관 한국독립운동사연구소
펴낸이   한시준
펴낸곳   역사공간
　　　　　주소: 서울특별시 마포구 동교로 19길 52-7 PS빌딩
　　　　　전화: 02-725-8806, 팩스: 02-725-8801
　　　　　E-mail: jhs8807@hanmail.net
　　　　　등록: 2003년 7월 22일 제6-510호

ISBN 979-11-5707-029-9 03900

- 잘못된 책은 바꿔 드립니다.
- 이 도서의 국립중앙도서관 출판예정도서목록(CIP)은 서지정보유통지원시스템 홈페이지 (http://seoji.nl.go.kr)와 국가자료공동목록시스템(http://www.nl.go.kr/kolisnet)에서 이용하실 수 있습니다.(CIP제어번호: CIP2014035768)

역사공간이 펴내는 '한국의 독립운동가들'

독립기념관은 독립운동사 대중화를 위해 향후 10년간 100명의 독립운동가를 선정하여,
그들의 삶과 자취를 조명하는 열전을 기획하고 있다.

001 근대화의 선각자 - 최광옥의 삶과 위대한 유산
002 대한제국군에서 한국광복군까지 - 황학수의 독립운동
003 대륙에 남긴 꿈 - 김원봉의 항일역정과 삶
004 중도의 길을 걸은 신민족주의자 - 안재홍의 생각과 삶
005 서간도 독립군의 개척자 - 이상룡의 독립정신
006 고종 황제의 마지막 특사 - 이준의 구국운동
007 민중과 함께 한 조선의 간디 - 조만식의 민족운동
008 봉오동·청산리 전투의 영웅 - 홍범도의 독립전쟁
009 유림 의병의 선도자 - 유인석
010 시베리아 한인민족운동의 대부 - 최재형
011 기독교 민족운동의 영원한 지도자 - 이승훈
012 자유를 위해 투쟁한 아나키스트 - 이회영
013 간도 민족독립운동의 지도자 - 김약연
014 대한민국 임시정부의 민족혁명가 - 윤기섭
015 서북을 호령한 여성독립운동가 - 조신성
016 독립운동 자금의 젖줄 - 안희제
017 3·1운동의 얼 - 유관순
018 대한민국임시정부의 안살림꾼 - 정정화
019 노구를 민족제단에 바친 의열투쟁가 - 강우규
020 미 대륙의 항일무장투쟁론자 - 박용만
021 영원한 대한민국임시정부의 요인 - 김철
022 혁신유림계의 독립운동을 주도한 선각자 - 김창숙
023 시대를 앞서간 민족혁명의 선각자 - 신규식
024 대한민국을 세운 독립운동가 - 이승만
025 한국광복군 총사령 - 지청천
026 독립협회를 창설한 개화·개혁의 선구자 - 서재필
027 만주 항일무장투쟁의 신화 - 김좌진
028 일왕을 겨눈 독립투사 - 이봉창
029 만주지역 통합운동의 주역 - 김동삼
030 소년운동을 민족운동으로 승화시킨 - 방정환
031 의열투쟁의 선구자 - 전명운
032 대종교와 대한민국임시정부 - 조완구
033 재미한인 독립운동의 표상 - 김호
034 천도교에서 민족지도자의 길을 간 - 손병희
035 계몽운동에서 무장투쟁까지의 선도자 - 양기탁
036 무궁화 사랑으로 삼천리를 수놓은 - 남궁억
037 대한 선비의 표상 - 최익현
038 희고 흰 저 천 길 물 속에 - 김도현
039 불멸의 민족혼 되살려 낸 역사가 - 박은식
040 독립과 민족해방의 철학사상가 - 김중건
041 실천적인 민족주의 역사가 - 장도빈
042 잊혀진 미주 한인사회의 대들보 - 이대위
043 독립군을 기르고 광복군을 조직한 군사전문가 - 조성환
044 우리말·우리역사 보급의 거목 - 이윤재
045 의열단·민족혁명당·조선의용대의 영혼 - 윤세주
046 한국의 독립운동을 도운 영국 언론인 - 배설
047 자유의 불꽃을 목숨으로 피운 - 윤봉길
048 한국 항일여성운동계의 대모 - 김마리아
049 극일에서 분단을 넘은 박애주의자 - 박열
050 영원한 자유인을 추구한 민족해방운동가 - 신채호

051 독립전쟁론의 선구자 광복회 총사령 - 박상진
052 민족의 독립과 통합에 바친 삶 - 김규식
053 '조선심'을 주창한 민족사학자 - 문일평
054 겨레의 시민사회운동가 - 이상재
055 한글에 빛을 밝힌 어문민족주의자 - 주시경
056 대한제국의 마지막 숨결 - 민영환
057 좌우의 벽을 뛰어넘은 독립운동가 - 신익희
058 임시정부와 흥사단을 이끈 독립운동계의 재상 - 차리석
059 대한민국임시정부의 초대 국무총리 - 이동휘
060 청렴결백한 대한민국 임시정부의 지킴이 - 이시영
061 자유독립을 위한 밀알 - 신석구
062 전인적인 독립운동가 - 한용운
063 만주 지역 민족통합을 이끈 지도자 - 정이형
064 민족과 국가를 위해 살다 간 지도자 - 김구
065 대한민국임시정부의 이론가 - 조소앙
066 타이완 항일 의열투쟁의 선봉 - 조명하
067 대륙에 용맹을 떨친 명장 - 김홍일
068 의열투쟁에 헌신한 독립운동가 - 나창헌
069 한국인보다 한국을 더 사랑한 미국인 - 헐버트
070 3·1운동과 임시정부 수립의 숨은 주역 - 현순
071 대한독립을 위해 하늘을 날았던 한국 최초의 여류비행사 - 권기옥
072 대한민국임시정부의 정신적 지주 - 이동녕
073 독립의군부의 지도자 - 임병찬
074 만주 무장투쟁의 맹장 - 김승학
075 독립전쟁에 일생을 바친 군인 - 김학규
076 시대를 뛰어넘은 평민 의병장 - 신돌석
077 남만주 최후의 독립군 사령관 - 양세봉
078 신대한 건설의 비전, 무실역행의 독립운동가 - 송종익
079 한국 독립운동의 혁명 영수 - 안창호
080 광야에 선 민족시인 - 이육사
081 살신성인의 길을 간 의열투쟁가 - 김지섭
082 새로운 하나된 한국을 꿈꾼 - 유일한
083 투탄과 자결, 의열투쟁의 화신 - 나석주
084 의열투쟁의 이론을 정립하고 실천한 - 류자명
085 신학문과 독립운동의 선구자 - 이상설
086 민중에게 다가간 독립운동가 - 이종일
087 의병전쟁의 선봉장 - 이강년
088 독립과 통일 의지로 일관한 신뢰의 지도자 - 여운형
089 항일변호사의 선봉 - 김병로
090 세대·이념·종교를 아우른 민중의 지도자 - 권동진
091 경술국치에 항거한 순국지사 - 황현
092 통일국가 수립을 위해 분투한 독립운동가 - 김순
093 불법으로 나라를 구하고자 한 불교인 - 김법린
094 독립공군 육성에 헌신한 대한민국임시정부 군무 총장 - 노백린
095 불교계 독립운동의 지도자 - 백용성
096 재미한인 독립운동을 이끈 항일 언론인 - 백일규
097 재중국 한국인 아나키스트운동의 실천적 지도자 - 류기석
098 대한민국임시정부의 후원자 - 장제스
099 우리 말글을 목숨처럼 지킨 - 최현배
100 한국 독립과 동양평화의 사도 - 안중근
101 흔들리지 않는 한글 사랑 - 정태진